El Arte del Despertar

Eduardo Teixeira

Título: El Arte del Despertar

© Eduardo Teixeira 2023.

WhatsApp: +1 (469) 230-5140

Derechos reservados.

Prohibida la reproducción total o parcial de este libro sin el permiso escrito del autor.

Dedico este libro para los amantes del crecimiento personal. Para mis padres, mi hermana y mi cuñado, mis hijos, mi nieto, mis parientes, mi Princesa y las personas que son especiales en mi vida. También a las personas que hayan escuchado alguna de mis mentorías. A mis Maestros y colegas de todos los grados. A las instituciones por las cuales estudié y trabajé, y a todos los lectores que aprecian el crecimiento personal.

AGRADECIMIENTOS

C T C

Norman Vincent Peale

Og Mandino

Dr. Lair Ribeiro

S.G.

Equipo Global Golden Eagle (Águilas Doradas)

Tercio Marques

Paulo Ademir Pinheiro

Armando Burton

Rigoberto Yépez

José Ardón

Elizabeth Jiménez

Ana Sánchez

Eduardo Sáenz

Julián Rivero

Evelio Velásquez

Suhiel Ramírez

María Gómez

ÍNDICE

PRÓLOGO 9
1 FENÓMENOS EXTRAORDINARIOS 13
2 ¿QUÉ ES LA VIDA? 37
3 LAS TRES DIMENSIONES DE LA VIDA 53
4 LOS DESPERTARES DE LA VIDA 75
5 CLARIDAD 87
6 ADMIRACIÓN 103
7 CONMEMORACIONES 117
8 ¿CUÁL ES EL PRÓXIMO PASO? 133
9 DECISIONES 149
10 SIENTE EL ÉXTASIS POR VIVIR 167
PALABRAS FINALES 181

PRÓLOGO

Leer esta obra significa abrirse a la visión y entusiasmo de su autor; Lic. Eduardo Teixeira. En estas páginas encontrarás una visión práctica del crecimiento personal aplicado a la resolución de problemas cotidianos. No cabe duda de que en la actualidad es un tiempo en el que vivimos diferentes desafíos: Personales, afectivos y profesionales bien como problemas y sinsabores que aumentan la depresión, la ansiedad y el estrés. Sin embargo, hay formas de cambiar el rumbo hacia una existencia placentera y digna.

Por medio de un Despertar genuino y real.

Los diez capítulos que conforman este libro están orientados a proporcionar al lector herramientas sencillas y fáciles de aplicar, pero muy poderosas en sus resultados.

Con algunos cambios de actitud y percepción empezarás a valorar la vida como el mayor regalo que el Creador te ha dado; un cambio de actitud a partir de la visión con que proyectas tus afectos, deseos y metas.

El autor parte de premisas fundamentales, como el milagro de la concepción, el desarrollo corporal, el nacimiento y la magia de la inteligencia humana para formular una metodología de crecimiento personal sin precedentes.

Descubre la profundidad de estas premisas y conoce los fenómenos extraordinarios que acontecen en torno a tu existencia, aproxímate a una comprensión de lo que es la vida, descubre las tres dimensiones de la vida, planteadas con un vocabulario rico, ameno e influyente.

Al final de cada capítulo encontrarás una hoja de anotaciones para que hagas tus reflexiones sobre los aspectos relevantes o para que elabores tu plan de crecimiento personal.

No te inquietes porque en diferentes capítulos encontrarás planteamientos que parecieran estar repetidos. Se trata de puntos de anclaje o fundamentos de partida para desarrollar enseñanzas distintas a las de los capítulos anteriores. Cada capítulo tiene un conjunto de enseñanzas diferentes, pero todas se amalgaman para formar un todo dinámico y funcional.

Lo que hay en este libro es alimento nutritivo para el alma, gasolina ecológica de alto octanaje para que a partir de ahora empieces a vivir una existencia de pura calidad.

Y vivas el Arte del Despertar...

EL Editor

1
FENÓMENOS EXTRAORDINARIOS

Hoy te quiero llevar, humildemente, en un viaje maravilloso a través de este capítulo. Hoy voy a tocar un tema que realmente me fascina, porque me considero un observador Del Creador y de la creación, también de la historia humana, de todo el proceso que nos llevó a donde estamos hoy. Desde la invención de la electricidad, el motor a vapor, luego el motor a combustión, y bueno, todos los inventos que la ingeniería humana ha creado.

Pero también soy un observador de la **ingeniería divina** que diseñó una hormiga, una abeja, una floresta.

todas esas cosas de las que estoy hablando tienen un nombre:

Son fenómenos.

De eso quiero hablar hoy. ¿Qué es un fenómeno?

Muchas veces podemos describir un fenómeno, pero no sabemos qué es. Podemos analizar la composición del agua, H2O es su composición, pero no sabemos qué es el agua. No podemos entender siquiera un átomo en su plenitud. Tampoco sabemos cómo fueron creadas las pirámides. Hay muchas teorías sobre cómo se hicieron las pirámides de Egipto. Con la ingeniería que tenemos hasta el día de hoy, sería difícil con todas las herramientas que tenemos subir esas piedras tan pesadas y poder hacer una pirámide, porque no habría espacio físico para todas las máquinas que son necesarias para colocar allí. ¡Entonces vemos que existen fenómenos que están sucediendo todo el tiempo!

Si observas un día nublado, un día de lluvia, son fenómenos. Una puesta de sol es otro fenómeno, un amanecer es un fenómeno. Preparar una comida con todas sus mezclas para que salga el mismo sabor es un tipo de fenómeno. Y podríamos estar aquí todo el tiempo repitiendo todos los fenómenos, la fotosíntesis, plantar un árbol, cuidarla, ver todo el proceso, ¿verdad?

Si tú analizas un beso un abrazo también son fenómenos maravillosos Y muchas veces la mente humana está tan enfocada en los problemas y situaciones que perdemos de observar los fenómenos espectaculares que están pasando en nuestras vidas y siempre estuvieran allí.

Si uno analiza toda **la ingeniería divina** con el tema de los mares, todos los detalles que hay, la variedad de peces, la variedad de animales mamíferos, reptiles, insectos. Vivimos en una **creación** en la que existen miles de millones de fenómenos sucediendo cada día, pero en este episodio quiero tu atención para juntos analizar

Tres Grandes Fenómenos que ocuparán el contenido de este capítulo.

Y cada uno de ellos es tan profundo que quiero ser muy preciso con las palabras para que este capítulo tenga mucha nutrición para nuestras vidas y nuestro crecimiento personal.

¡Entonces, el primer fenómeno que quiero analizar aquí contigo es tu VIDA!!!

Habría mucha menos depresión, ansiedad y estrés en el planeta Tierra si los humanos pudiéramos mirar el fenómeno que es nuestra Vida como un ser individual.

Es una pena que muy pocos seres humanos dediquen tiempo para analizar la fecha de su cumpleaños desde esta perspectiva.

En Verdad este fenómeno esta divido en 3 partes:

La primera es la Concepción

Ese día, entre cuarenta millones de posibilidades (espermatozoides) ¡SOLAMENTE TÚ, QUE ME ESTÁS LEYENDO!, entraste en aquel óvulo que estaba preparado solamente para uno de los cuarenta millones, o sea que nueve meses antes de tu llegada a este planeta ocurrió la **Concepción** a través de dos personas que se amaron y plantaron esa semilla llamada vida.

Y a través del óvulo de la mujer, yo acostumbro decir que la mujer es una fábrica natural de seres humanos, creada de una manera impresionante en la combinación del macho y de la hembra que se lleva toda la naturaleza también. Yo encuentro todo eso tan maravilloso.

Mucha gente lo ve por otras formas, por otros ángulos y ve la sexualidad de forma negativa, Pero yo pienso que existe el lado positivo de la sexualidad y analizar el fenómeno de nuestro nacimiento que parte de esa noche, tarde, mañana, madrugada, no sé en qué momento fue donde ocurrió este viaje, eso es para mí un fenómeno grandioso que muestra la Grandeza de Nuestro CREADOR.

¡Difícil! Podernos describir la grandeza de este fenómeno.

Hay videos que muestran los nueve meses del bebé en el vientre materno, revelando cómo es el fenómeno de su desarrollo, o de la *Gestación*.

Aquí vemos Tres partes esenciales:

El milagro de la Concepción, después viene la gestación de nueve meses hasta culminar con el nacimiento.

Muchos preguntarán ¿por qué es importante pensar y por qué ayudaría a disminuir la depresión en el mundo? ¿Por qué ayudaría a disminuir los suicidios y las desilusiones? ¿Por qué serviría este texto para eso? Y aquí viene la respuesta del primer fenómeno. Cuando entiendes el fenómeno Extraordinario de tu nacimiento y lo milagroso y afortunado que eres de haber venido a esta vida.

Sinceramente digo que esto es una gasolina celestial que coloco en mi mente, en mi ser, al analizar que es tan grande la gratitud que siento por haber nacido y admirar el fenómeno de la vida que el Creador me ha regalado, que no me va a sobrar espacio para pensar cosas negativas o sentirme desafortunado.

Hay personas que tienen una mente tan fotográfica e infelizmente introducen nada más que dolores, y malos recuerdos, O sea, los grandes eventos de nuestra vida nos pueden herir o nos harán más sabios. Siempre trabajo mucho la importancia de observar el fenómeno del nacimiento de las personas que participan en mis mentorías. Dedica más tiempo a eso, cinco minutos cada día. Abriste los ojos en la mañana ¡WAOOOOOO! Estoy Vivo...

Veo la emoción en un estadio de fútbol cuando un equipo hace un gol.

La gente llora, grita, se abraza. Acontece un momento de alegría impresionante, una explosión de alegría. Pero digo cuando despiertas en la mañana, sabiendo que de los ocho mil millones de habitantes que viven en el planeta, más o menos, un promedio de un millón no pudiera amanecer en este día, o por vejez, o por enfermedad o por diferentes motivos. ¡Pero tú estás aquí y estas leyendo estas líneas! Estimado lector o lectora, esto no es poca cosa.

Es Algo extraordinario...

Tal vez tiendas ver estas reflexiones como algo simple, pero te aseguro que la ingeniería divina es magnífica, es un fenómeno porque nos ha permitido nacer de una manera que podemos observar y describir los pasos, pero no podemos saber lo que es porque es demasiado grande, demasiado profundo.

Entonces, para mí, el primer fenómeno al que quiero que prestemos más atención a partir de hoy es **que tú estás vivo**. Y si en esa mañana estás con dolores, estás en un hospital, estás sufriendo, yo entendería que para ti puede ser un mal día; entendería y te respetaría. Si necesitas que alguien te lleve al baño, si necesitas todo el tiempo que otras personas te estén ayudando, entiendo, quizás puedas tener algún motivo para expresar que es un mal día.

Pero si no te duele nada, si tienes los dos brazos, las dos piernas, los ojos, tu mente, tu corazón, tus labios; estás respirando, puedes comer, puedes elegir tantas cosas, entonces yo quiero que puedas reflexionar y comiences a percibir el fenómeno milagroso que eres.

Sé que quizás muchos no me van a entender y no quiero que se sientan mal con esto, pero un día vas a comprender eso y algunos quizás que me están leyendo ya lo entienden y pueden identificar que:

ESTA VIDA ES UN FENÓMENO EXTRAORDINARIO.

Yo te desafío a que vayas a los diccionarios de Google o a la página que te guste y coloques allí: significado de fenómeno, y vas a ver que hay muchos fenómenos que están ocurriendo cerca de ti y quizás no te estás dando cuenta.

Así que este capítulo es un recordatorio; quizás lo tengas que leer más de una vez, humildemente te lo digo, para poder absorber los diferentes puntos que tiene su contenido. Porque el primer punto que deseo enfatizar es que tu nacimiento es un fenómeno extraordinario hecho por el Creador y es para ti hoy un nuevo día con nuevas oportunidades, nuevas ilusiones, nuevos proyectos, todo lo que tú quieras, o vivir las mismas emociones que te gustan vivir. Entonces, identifica que tu nacimiento es algo importante, agradece a tu CREADOR por tu venida a este planeta.

El segundo fenómeno que quiero analizar contigo es el fenómeno de los *afectos*. ¡Cómo me gusta el segundo fenómeno!

Parar para analizar si todavía en tu teléfono tienes ahí el número de tu padre, de tu madre.

Si todavía esos teléfonos están ahí, eres una persona muy afortunada, porque puedes llamar y decir: "Hola papi, hola mami. Tu hijo te ama". ¡Híjole qué gran privilegio! Sé que quienes están leyendo practican eso cada día. Pero si no estás acostumbrado o acostumbrada a practicar eso, quiero recomendarte a que analices el segundo fenómeno; tener afectos:

Madre, padre, abuelo, abuela, tía, primo, hermanos, hijos, hijas etc....

Mira, cada hijo, yo conozco personas que tienen cuatro o cinco hijos, y el amor de cada hijo es completamente diferente, pero todos son igual de amados, igual de queridos. Entonces, podemos describir el amor, pero no sabemos lo que es, nada más lo podemos sentir.

Mis mentorías tienen mucho de eso. Mucha gente dice: "Teixeira, explícame cómo son las Mentorías Pura Calidad", y yo digo: "Son difíciles de explicar porque las puedes sentir". Es otra cosa, es otro boleto, es otra carretera. Con mucha humildad les digo, aquí tocamos temas del ser, porque hay miles de motivadores, del coaching, de la inteligencia emocional. Hay palabras muy bonitas y yo las admiro también, programación neurolingüística, pero todos esos combos los estudie en los años ochenta, en los noventa, en los inicios de este siglo, sacando la esencia de todos los seminarios, de toda la información que he adquirido, me he dado cuenta de que **amar es un grande fenómeno**, y los afectos son muy importantes en nuestras vidas.

Cada uno tiene un lenguaje diferente, pero necesitamos entrenamiento, necesitamos entrenar para ser buenos maridos y buenas esposas. Aquí les pongo un ejemplo sencillo de cómo hacerlo

"Mi amor, ¿cómo fue tu día?", como te sientes hoy? Son preguntas sencillas, pero hacen la diferencia. Muchos hombres y mujeres me buscan y me dicen: "Teixeira, con mi esposa, en la intimidad no está yendo bien mi relación".

Siempre protejo la identidad de las personas que me buscan, me gusta analizar las ilustraciones, Pero digo, cuántas veces al día le dices que la extrañas, cuántas veces le dices: "Mi amor, te extraño". ¿Mi amor como te sientes hoy?

Esas frases son muy importantes para una dama y también para un Varón.

Es muy importante un lenguaje amoroso.

Fue entonces que yo me dije a mi mismo:

"Me tengo que poner a estudiar el fenómeno de los afectos y como demostrarles amor verdadero y constante.

Entonces, el fenómeno de los afectos necesita entrenamiento.

Saber amar a un padre, a una madre, una hija un hijo, saber amar a tu marido o tu esposa

Con un leguaje adecuado y verdadero. Y podemos decir también un lenguaje dulce.

"Gracias mi amor, por todo lo que haces por nosotros".

Los hombres deberían cada semana o quincena comprar un regalito para su compañera, una flor, algo, un detallito. "Mi amor, me acordé de ti", esas son pequeñas sugerencias de cómo podemos vivir el fenómeno de los afectos con resultados verdaderos.

No estoy diciendo aquí que tenemos que hacer eso, si no te nace no lo hagas, pero hay muchas personas que yo sé que son hombres y mujeres muy amorosos, pero nadie les entrenó de cómo amar a su pareja, nadie les dijo "dilo así", les enseñaron matemáticas, castellano, portugués, les enseñaron cosas muy útiles, les enseñaron computadoras, sistemas, programación, pero no les enseñaron a decir correctamente "yo te amo" de diferentes formas.

¿Por qué existen los amantes? Ves que le decimos esposo y esposa, pero para los amantes hay una sola palabra, yo estoy absolutamente en contra de esa práctica, por supuesto, yo creo en la fidelidad, me parece la conducta correcta por diferentes aspectos; salud, enfermedad, seguridad, espiritualidad, etc.

La fidelidad para mí es fundamental para una relación seria y verdadera, pero hay que aprender las claves de los amantes y yo sé que el amante es un "enemigo" del amor sano.

Pero aquí estamos analizando este fenómeno y quiero agregar un ejemplo un poco polémico, pero con objetivos de aprendizaje y crecimiento.

Espero ser interpretado Correctamente...

Muchas veces el marido llama a la esposa y dice:

"¡Hey mujer!, ¿qué hay de comer hoy?", no está mal preguntar eso, pero muchas veces el otro que está interesado y está de manera errónea ahí en esa relación, le dice:

"Compré algo de comer que te gusta para compartir contigo".

Mira que el lenguaje es muy diferente, el marido le dice: "El sábado en la noche me voy con mis amigos, no quiero que me importunes, así que dime todo lo que necesitas ahorita",

y el otro le dice: "Estoy contando los minutos para verte".

Yo siempre he dicho que el buen marido es el que puede ser el mismo hombre incorporando elementos de amante con la misma mujer para propósitos sanos.

En verdad se debería mantener lo máximo posible un lenguaje amoroso y cantes.

De vez en cuando llevarla a conmemorar el día en que se conocieron; por ejemplo, si se conocieron el 17 del mes, entonces todos los 17 tienes una excusa para, tal vez, llevarla a un lugar bonito, diferente, hacerla vivir otras emociones.

Ah, pero tenemos muchos gastos, muchas deudas; sin embargo, tal vez eso pueda prevenir un divorcio, pueda prevenir algo peor. Amigos lectores y lectoras, el fenómeno del amor tiene que ser encarado como entrenamiento, como estrategia, con organización. Tenemos que ser propositivos para amar.

Esto hará muy sólida la relación de pareja.

Cuando pienso en mis hijos, humildemente, siento que he sido un muy buen padre. Claro, tal vez mis hijos tienen otro pensamiento sobre esto lol, pero veo que mi hija a los veintiún años es una gran profesional en su área, tiene muchas virtudes. Mi hijo también, le encanta su trabajo. Están dando buenos pasos en sus vidas y siempre me gusta fortalecer los músculos de la paternidad. Saber no presionar demasiado y no estar tan distante, estar ahí en la jugada con tus hijos, que sepan que estás ahí para ellos, sin imponer tus reglas, es un tema muy profundo. Por eso muchas veces me gusta hacer seminarios de entrenamiento de cómo amar.

"Amaras a tu próximo como a ti mismo" (Mt 22:39).

Que profundo es este conocimiento.

Algunos dirán que es muy sencillo, pero como hace falta practicar más el fenómeno del amor. Pienso que los matrimonios y las relaciones con los hijos serían más lindas.

Mantengamos la atención porque hemos llegado al el tercer y último fenómeno que quiero compartir con ustedes en este recorrido.

Espero que este tema resulte ameno, nutritivo, poderoso y útil principalmente en tu vida. Puedes usarlo. A mí me gusta esparcir estas semillas, esta es mi esencia también.

Y aquí viene el tercer fenómeno

Y es el fenómeno de tu profesión, de tus proyectos. El fenómeno de tu iglesia, de tus hobbies, de tu club, de tu deporte favorito. O sea, aquí entran todas las actividades que hacemos: golf, futbol, natación... Es un fenómeno un deporte, un trabajo, una profesión. Si eres un vendedor, por ejemplo, ¿cómo puedes ser cada vez un mejor profesional? Si eres periodista, médico, networker, si trabajas en multiniveles, ¿cómo puedes ser un mejor networker, un mejor líder? Estos son los fenómenos del ámbito profesional en el que debes plantearte la eficiencia como meta. Por eso las he denominado "mentorías pura calidad", porque la calidad para mí es la esencia de la pureza que nos mueve a buscar la excelencia constantemente. No ser mejor que alguien más, porque hay mucha gente que piensa que el motor es ser más que los demás, a mí me parece que ese es un motor que no sirve, porque el día que estés en el topo no va a haber placer. Por eso para mí es ser cada vez más, no el mejor de otras personas, pero cada vez perfeccionar mejor mis talentos., mi eficiencia es aquí que esta el fenómeno extraordinario de nuestras profesiones nuestras vocaciones.

Por ejemplo, a mí me encanta organizar y dar mentorías, entrenamientos de crecimiento personal. Conferencias presenciales o por teléfono o por zoom.

Me siento muy realizado.

Disfrutar el fenómeno vocacional.

Por ejemplo, el otro día, hablando de proyectos, tenía a una persona que padecía oscilaciones muy grandes en sus estados de ánimo. Siempre estaba con terapeutas y psicólogos. Y ella vino a mí y me dijo:

"A ver, sr Teixeira, usted es un mentor, ¿cómo puedo solucionar mi problema de estrés?".

Entonces yo le dije:

Estrés, depresión, ansiedad son palabras para expresar una idea:

Tu mente no está trabajando a tu favor.

Necesitamos comprender nuestra responsabilidad de como conducir nuestra mente, nuestros pensamientos.

Es un tema muy profundo y en los próximos capítulos profundizaremos más este concepto.

Tu vida es una película en movimiento, está ocurriendo cada día y tú eres el director de esa película.

Por eso es muy importante entender que la mente te hace juegos, de sentirte la víctima o el pobrecito o la pobrecita, o me lastimaron o me destruyeron o me engañaron. Todas esas cosas son verdaderas y pueden ocurrir, son fenómenos negativos. Pero el fenómeno profesional de nuestra vida es cuando nosotros entendemos cuáles son nuestros talentos verdaderos y cuál es el lugar de la cancha en el que queremos jugar. Es muy importante que descubras estos talentos, no importa tu edad, es importante dónde estás hoy, que seas lo más feliz, que seas el mejor empleado, el mejor emprendedor, lo mejor posible de tus fuerzas, de tu sabiduría.

Yo conozco muchos líderes que trabajan cerca de mí, y yo veo en el liderazgo de esas personas la perseverancia, por ejemplo, aquí en Texas les menciono la Coach y Networker Elizabeth Jiménez, una grande líder que ama su profesión y vive con mucha perseverancia el fenómeno

Profesional junto con su Esposo el Nacional José León un gigante de los negocios de network-marketing.

Veo tantos líderes, muchos grandes como John Maxwell, que creó su carrera desde una perseverancia impresionante, y esos son ejemplos de fenómenos profesionales.

Descubrir tu vocación, dedicarle tiempo, preparación, horas de estudio, horas de crecimiento, horas de práctica Como si fueras un piloto de avión unos han alcanzado 5,000 horas de vuelo; otros, 9,000, y a medida que van teniendo horas de vuelo pueden manejar aeronaves más grandes. Así también es el crecimiento profesional.

Ah, pero mis amistades ya no me siguen, ahora están apareciendo otras amistades, esto puede ser por tu proceso evolutivo, es un fenómeno que está pasando en tu vida profesional.

Ya tienes otros sueños, ya tienes otros deseos, por eso debemos entender que nuestra memoria está para trabajar para nosotros, nuestra imaginación está para trabajar para nosotros.

Para muchas personas su memoria y su imaginación, dos de los mayores dones recibidos por los humanos, son el motivo de su sufrimiento.

Muchos sufren sus dones...

Porque si tú analizas, la depresión es exceso de pasado y la ansiedad o el miedo son exceso de futuro, el estrés es exceso de presente.

Nada más le cambiamos los nombres y le ponemos nombres más sofisticados, como resiliencia y todo eso, pero yo prefiero colocar un lenguaje sencillo.

Eres el líder de tu mente, eres el líder de tu imaginación. Es tan Sofisticada la tecnología que El Creador nos ha dado, y mucha gente no dedica tiempo para prestarle atención.

los fenómenos profesionales nos remiten a buscar la excelencia en el lugar que estamos ahora. Si soy mesero, portero, vendedor, el dueño de un supermercado, dueño de una cadena de tiendas, lo que yo sea. Si soy un vendedor, un networker, un mentor, un empresario yo necesito cada vez más buscar la excelencia en este proceso y saber que cada día es una nueva oportunidad para comenzar y evolucionar.

Mira, mi gran objetivo con esta mentoría era tocar esos tres fenómenos Extraordinarios:

El fenómeno de tu nacimiento, el fenómeno de tus afectos y el fenómeno de tus profesiones, de tus habilidades, de tus dones, de tus trabajos.

Espero realmente que esta mentoría te haya servido y que la leas una y otra vez, humildemente te lo digo, para que puedas contemplar las maravillas que están pasando en tu vida, los afectos que todavía están vivos.

Tu mamá despertó hoy, gol, gol, gol, un gol de copa del mundo que debes conmemorar, mi papá está vivo, mi mamá está viva, mis hermanos, mis hijos están vivos, yo estoy vivo; gol, gol, goooool.

Señores, aprendamos a disfrutar los fenómenos de los afectos, de poder expresar, entrenarnos nuestra lengua para decir palabras correctas. Buscar información, buscar mentorías de familia para poder capitalizar cada vez más y hacer de nuestra vida nuestra obra maestra.

Para mí, ese es el gran fenómeno: construir nuestra vida profesional, amorosa y nuestro nacimiento. Del mismo modo expresar gratitud a nuestro Creador por el gran privilegio y oportunidad que tenemos de estar aquí.

Espero realmente que estas pocas líneas puedan haber sido útiles en tu vida y que comiences a identificar los fenómenos extraordinarios que están pasando hoy en ella.

Algunos fenómenos los mencione aquí con el objetivo de valorarlos al máximo y que cuando termine esta mentoría, te vayas a donde tú quieras: a una cafetería, a un restaurante, a un lugar o a tu cuarto preferido, a tu mesa preferida, a tu silla preferida con tu vaso preferido, para que vayas a reconocer la grande bendición de tu nacimiento, de tus afectos y de tus proyectos. Dedícale tiempo a eso y vas a ver, notarás que no habrá tiempo para deprimirte, tener miedo ni ansiedad. No habrá tiempo para la tristeza porque estás lleno de gratitud.

estás lleno de gozo, lleno de alegría, por haber estado aquí, viviendo en este planeta. Hoy día puedes desayunar, puedes almorzar, puedes cenar, puedes besar, abrazar y hacer tantas cosas maravillosas. Te desafío a comenzar a ver las cosas extraordinarias que están pasando en tu vida, los fenómenos que están aconteciendo cada minuto en tu vida, y te vas a dar cuenta de que eres una persona muy afortunada.

Te envió un fuerte abrazo y prosigamos al próximo capítulo, que estoy seguro será de impacto para nuestras vidas, y mucho éxito en todas las cosas que emprendas cada día para que tu existencia sea realmente un fenómeno Extraordinario.

Tarea:

Haz una lista de mínimo 10 fenómenos extraordinarios que son importantes en tu vida:
_____
_____
_____
_____
_____
_____
_____
_____
_____
_____
_____
_____
_____
_____
_____

2
¿QUÉ ES LA VIDA?

La reflexión de este capítulo es muy especial porque es una pregunta que puede tener diferentes respuestas, puede tener diferentes reflexiones al respecto.

Pero, humildemente, la quiero separar en tres partes, tres partes de esta pregunta que puede significar trabajar la parte del ser, del hacer y el tener, tan famosas en el mundo de hoy, de la motivación, de los entrenamientos, pero quiero dar una perspectiva nueva y diferente.

Así que la pregunta de hoy, ahí les va, con esa pequeña introducción, saludando a cada uno de quienes estén leyendo esta reflexión, con mucho cariño y humildad comparto esta sabiduría. ¿Qué es la vida? Voy a repetir esta pregunta. ¿Qué es la vida? Y por tercera vez, la voy a repetir. ¿Qué es la vida? ¡Qué pregunta más linda, me encanta esta pregunta!

Porque cuando nosotros analizamos la conexión que tenemos con nuestro Creador, por ejemplo, si alguien dejara la noche pasada un carro sin placas, pero un carro muy moderno, un carro alemán muy moderno en tu garaje, un Audi, un BMW, un Mercedes, qué sé yo, un carro de estos, un Lamborghini, si dejara un carro sin placa, sin registro, dejara aparecer en tu garaje, tú estarías seguro de que alguien fabricó este carro, un equipo de ingenieros fabricaron este carro. Entonces, cuando nosotros hablamos de qué es la vida, y abrimos nuestros ojos en este planeta cuando éramos niños y nos damos cuenta de que no fuimos nosotros quienes lo creamos, existe un creador que creó este planeta. Entonces cuando preguntamos

¿qué es la vida?

Lo primero que analizo, la primera parte, la vida para mí es un regalo, por dónde lo mires.

Cuando tú analizas tu nacimiento, los nueve meses que estuviste en el vientre de tu madre, cuando tú analizas tus primeros pasos, cuando tú analizas tu cuerpo, tus ojos, tu boca, tu nariz, tus orejas, tus manos, tus piernas, y puedes ver cualquier uno cuando lastimas hasta un dedo pequeñito del pie, o sea cuando uno va a caminar, el equilibrio se ve comprometido, cada pedacito de tu cuerpo es un regalo, tu mente, este computador natural creado por el Creador.

Si tú analizas los aviones, los celulares, las televisiones, los carros, todas esas creaciones son nietas de Dios, nietos de Dios porque fueron creados por sus hijos. Entonces si analizas toda la sabiduría que hay en un gato; hay gatos que a veces comienzan a parecerse a sus dueños, hay perros que tienen rasgos de las características de sus dueños. Es una tecnología impresionante. Ahora veo a mucha gente deslumbrada con la Inteligencia Artificial. Sí, es algo fantástico, pero tenemos que analizar que todas estas creaciones son nietos del Creador.

Pues fueron creadas por sus hijos.

Entonces, la vida es un regalo, porque tú no pagas renta de tus manos. Si te cobraran U$50 por cada mano cada mes, nosotros la pagaríamos. Imagina si no pagas el mes que viene no puedes usar tus manos, pero podemos usar nuestros dedos, nuestros ojos, podemos besar, abrazar, alimentarnos, podemos pensar, preparar reflexiones, dar mentorías.

Ayer a la noche, di una mentoría aquí en Arlington, Texas, la otra semana estuve en Delaware, en Maryland, podemos viajar... O sea, hay tantas cosas que analizo cada vez que salgo, o que estoy en cualquier actividad o simplemente que me pongo a pensar.

Mi primer pensamiento en la mañana es que mi vida es un regalo, y siempre me gusta decir gracias por regalarme un día más, una oportunidad en este día. Desde luego, lo primero que debo puntualizar en esta reflexión es que la vida, por donde la mires, es un regalo.

Yo sé que aquí podemos tener muchas definiciones, espirituales o materiales, pero yo quería separar tres.

La primera para mí es: Mi vida un regalo, siempre debemos tener en mente cuando estás manejando tu carro y llegas a un semáforo, cualquier situación que estés pasando en tu vida, analizar que tu vida es un Regalo.

Esta oportunidad maravillosa por tener tus padres que te hayan cuidado cuando eras un niño o una niña.

O los que son padres por tener a sus hijos, o por tener tu mascota.

No hay duda:

la vida es un regalo por donde lo mires.

La segunda parte: ¿Qué es la vida?

Para mí, la vida es una oportunidad.

Mucha gente dice: "No, la vida es buena", "La vida es mala", "La vida es extraordinaria", "La vida es una depresión". Cada persona va a decir de acuerdo a su cosecha, de acuerdo a su realidad, pero la vida es neutra, la vida es una oportunidad, es una tela para ser pintada. Primero es un regalo, pero también es una **oportunidad.**

Es una oportunidad de agradecer a tu Creador todo lo que has recibido, una oportunidad de agradecer a los seres amados que tienes, a tu trabajo, a tu profesión, a tu iglesia, agradecer por tu cuerpo, por tus dones. Es una oportunidad de gratitud, es una oportunidad de amar a ti mismo y a los demás, a tu profesión. Es una oportunidad de amar, es una oportunidad para cuidar, cuidar una planta, cuidar la educación de tus hijos, cuidar tu vida profesional, cuidar tu cuerpo y tu salud, tu alimentación.

Entonces, nosotros tenemos que entender que la vida es una oportunidad cada día porque cuando eliges un camino estás diciendo "no" a muchos otros caminos, y a veces la gente siente arrepentimiento, "ah, si yo hubiera elegido otro camino". Pero no vives las tristezas de esas oportunidades que no elegiste, sólo vives las alegrías y tristezas del camino que has escogido.

Por eso yo digo cada día que la vida es una **oportunidad**.

Siempre me gusta cuando juego ajedrez, tengo una aplicación en mi teléfono y juego con personas de todo el mundo, partidas de tres minutos, las famosas Blitz, y cada jugada es una oportunidad. Puedes cometer un error, puedes hacer una excelente jugada, y en la vida también, cuando tienes la oportunidad de hablar, de amar, de conversar con tu hijo, es una oportunidad. Cuando tienes la posibilidad de elegir los alimentos que vas a comer, y yo siempre recomiendo la comida orgánica, con menos azúcar, con menos grasas, porque es una oportunidad de elegir.

Mucha gente me dice: "No, pero el Creador todo lo sabe". Yo sé que todo lo sabe, pero si tú analizas, El creó seres libres que pueden tomar decisiones, pueden disfrutar su oportunidad de elegir. Entonces, para mí, nuestra reflexión tiene que entender que todos los días tenemos la oportunidad de elegir: qué ropa vamos a colocar, qué comida vamos a colocar en nuestro cuerpo, a cuál profesión nos vamos a dedicar, qué tan excelente va a ser nuestra relación con nuestra profesión, con nuestros seres queridos. Nosotros podemos elegir porque es una oportunidad.

La vida es un cuadro a ser pintado, es una maravillosa oportunidad.

La segunda parte es muy importante entender:

todos los días se pone enfrente de nosotros muchas oportunidades, oportunidades de negocio, oportunidades espirituales, oportunidades de reconciliación, oportunidades de educación, oportunidades de amor, oportunidades de dar amor, de recibir amor. Es muy importante estar consciente pues todos los días que despiertas, es una nueva oportunidad.

Por ejemplo, hay personas que dicen: "Ah, Sr Teixeira, pero toda mi vida pasó eso, pasó lo otro".

Pero yo digo, ¿cuántos años hace que te bañas? Por ejemplo, lol, yo tengo cincuenta años y voy a cumplir cincuenta y uno en julio. Así que todos los días tengo la oportunidad de bañarme. Pero si tú analizas, por más que me he bañado durante cincuenta años, si quedo una semana sin bañarme, va a haber consecuencias, porque la oportunidad de la elección siempre está a mi disposición, cada día.

Por eso quiero traer esa reflexión a tu vida. Tu vida es una gran oportunidad, porque un día comenzó y un día va a terminar en esta Tierra. Pero quiero dejar bien claro la primera parte: la vida es un regalo, y, en segundo lugar, es una oportunidad. No es ni buena ni mala, va a depender de lo que hagas de esa vida, la obra maestra de tu existencia buscando la excelencia o no.

Ah, Teixeira, pero a veces me equivoco. ¡Bienvenido al club! Muchos, queriendo hacer lo correcto, tomamos a veces malas decisiones. Pero qué bueno que podemos seguir tomando decisiones, podemos arrepentirnos, podemos recomenzar. Entonces, bien claro, el segundo aspecto: ¿qué es la vida? La vida es una oportunidad. Gózala, disfrútala. Así que, ya entrando ahora de lleno, ya tocamos dos partes y qué profunda es esa reflexión. Cada vez que me conecto con ese tema, realmente me emociono. Me emociono por la gran oportunidad y por el gran regalo que hemos recibido.

Pero ahora, entramos a la tercera parte,

Porque, en primer lugar, la vida es un regalo; en segundo lugar, la vida es una oportunidad;

en tercer lugar, la vida es:

Una cantidad de tiempo limitado.

Voy a repetir, la vida es una cantidad de tiempo limitado. Está pasando right now, está pasando ahora.

Yo veo mucha gente que pasa a veces semanas depresivas, semanas de preocupaciones, colocando cantidades de cortisol en su cuerpo. Sé que hay situaciones a veces que ocurren y a veces realmente nos mueven el piso, como decimos.

Pero nosotros tenemos que entender que nuestra vida es una cantidad de tiempo limitado.

Por eso, tenemos que mirar nuestro regalo y nuestra oportunidad.

Cada día, hacerle cariño a nuestra vida, parar y comenzar a disfrutar los logros que has tenido. ¿Viste que hay personas que dicen "me faltan cinco centavos para completar un dólar", pero no valorizan los noventa y cinco centavos que tienen? Están enfocadas en los cinco que les hacen falta.

Tenemos que conmemorar esa cantidad de tiempo que ya hemos vivido.

El otro día un amigo me dice: "Teixeira, ¿qué le digo a un amigo que perdió a su hermano?". Y cuántos años tenía el hermano, "ah, tenía setenta y tres". Yo digo, en primer lugar, agradecer por esos setenta y tres años de convivencia, setenta y tres años de regalos y oportunidades.

Cada uno nosotros iremos a morir un día, no sabemos qué día nos va a tocar, pero en cuanto estamos aquí, tenemos que disfrutar al máximo el regalo que tenemos, con honestidad, viendo la vida como un gran privilegio.

Ayer, por ejemplo, fui a buscar mi ropa en la tintorería, aquí en Grand Prairie, donde vivo en Texas. Y estaban dos señoras americanas hablando y yo veía que estaban quejándose de algo, con mi poco inglés ahí que manejaba, y hasta que la señora me pregunta: "¿Y usted cómo está en el día de hoy?". Y yo dije, "amazing, fantastic", dije que estaba fantástico. Y las dos me quedaron mirando, y me dice, "waooo, ¿por qué estas tan feliz?".

Y yo digo, en primer lugar, porque pude despertar a la mañana, segundo, porque mi madre sigue viva, mi padre sigue vivo, tengo aire, mi hermana está viva, mis hijos, mi nieto. ¡Wow!, quedaron impresionadas con algo que aparentemente es sencillo, pero no es sencillo, es espectacular.

Tenemos una cantidad de tiempo limitada en este mundo y somos los administradores de ese tiempo. Veo mucha gente orando, "Señor guía mi vida, dirige mi vida". Y siempre digo, no está mal esa oración, pero estaría mucho mejor si le pides sabiduría, porque el que tiene que guiar y tomar las decisiones eres tú.

Para ti te regalaron el libre albedrío, si no, el Creador te hubiera colocado un chip. Si eso inventaran los hombres y allá en Taiwán fabrican toneladas de chips para colocar en los carros, en los computadores, ahora en los robots, pero el Creador no nos quiso hacer robots.

"Dijo: Voy a crear seres inteligentes libres que puedan ver su vida como un regalo, como una oportunidad, y entender que el tiempo que tienes en este mundo es limitado".

Por eso, te quiero decir en las últimas palabras de esta mentoría, de esta reflexión: besa más, abraza más, goza más, disfruta más. Equilibra tu tiempo, no todo es sólo trabajar. Hay que trabajar porque si no estás viviendo a costa de alguien más, hay que hacer tu negocio, lo que sea, pero no es solo trabajar. Hay que dejar espacio para los amigos, para los hijos, para la iglesia, para tus compadres, para los cumpleaños, para las quinceañeras, para tus afectos. Hay que dejar tiempo de calidad. Yo diría, para un deporte, si es algo equilibrado, para el fútbol, para tus preferencias.

Señores, pasamos una sola vez por este planeta, y yo siempre me digo "Teixeira, ¿cómo estás disfrutando tu regalo? ¿Cuáles son las oportunidades que se están presentando cada día? ¿Y cómo estás viviendo el tiempo de tu vida?"

Así que quiero entregar esta mentoría con mucho cariño a cada una, a cada uno de los líderes y personas que leen estas líneas y decirte una vez más:

Tu vida es una cantidad de tiempo limitado. ¡Gózala más, di más "te amo", di más "gracias"! Comienza a ver el lado lindo de tu vida. Hay cosas duras que pasan, yo sé, pero también hay cosas extraordinarias que están pasando hoy día.

Por eso, para concluir, podríamos dar tantas definiciones de esta pregunta que es la vida, pero para mí, yo quería separar esas tres partes hoy:

es un regalo hermoso haber venido a este planeta.

En segundo lugar: es una oportunidad cada día, de agradecer a nuestro Creador, a las personas que amamos, agradecerles por tantas oportunidades que tenemos cada día, profesionales, personales, amorosas.

Y, en tercer lugar;

¡Es una cantidad de tiempo limitado!

¡Disfrútalo, organízalo, cuídalo con cariño! O sea, podría haber venido otra persona en tu lugar, pero viniste tú, para que realmente disfrutes tu paso por esa existencia.

Te agradezco por continuar con esta lectura. Espero realmente que hayas recibido la nutrición que venías buscando aquí, porque ese es un tema con muchas vitaminas para el corazón, para el alma, para el ser, para el espíritu.

Humildemente, me gusta componer estas mentorías con la sabiduría que viene de arriba, porque todo nos ha sido entregado por Él para que nosotros podamos ser aquí los maestros en la tierra, con mucha humildad.

Toma tu vida y haz de ella algo excelente, porque un día será tu último día, mi último día. Pero en cuanto ese día no llega, que nuestro corazón pueda rebosar de gozo por esa hermosa creación que nos entregó el Creador.

¿Qué es la vida? Un regalo, una oportunidad y una cantidad de tiempo Limitado.

Que recibamos estas bendiciones en nuestra vida y gocemos este hermoso regalo de nuestra vida en cuanto estemos en este planeta.

Que la podamos gozar; ya en la eternidad tendremos otras opciones, cada filosofía trae su conocimiento sobre eso, pero yo me quería enfocar en esta oportunidad nada más a este planeta.

¡Goza tu vida!, disfruta este regalo hermoso que has recibido!!!

Así es hora del Despertar para todo lo lindo que tenemos aquí y ahora...

Tarea:

Haz una lista de los 10 mejores regalos que recibiste de tu Creador, y las 10 oportunidades que más valoras en tu vida.

Diez regalos:
_____
_____
_____
_____
_____
_____
_____
_____
_____
_____

Diez oportunidades:
_____
_____
_____
_____
_____
_____
_____
_____
_____
_____

3
LAS TRES DIMENSIONES DE LA VIDA

La mentoría que vamos a desarrollar en este capítulo es una construcción, como todas las que se continuarán exponiendo. En este sentido, la base de esta construcción es la reflexión, es la capacidad de reflexionar, porque es un tema diferente, es un tema con mucha profundidad.

Lo planteo con mucha humildad, es una reflexión muy poderosa en forma de mentoría.

La llamé 'Las Tres Dimensiones de la Vida'.

Por ejemplo, una casa tiene muchas dimensiones.

Ejemplo:

El baño es una dimensión, el cuarto es otra dimensión, la cocina, el living, el patio, Entonces, nuestra vida también está compuesta de muchas dimensiones diferentes.

También existen dimensión emocional, espiritual, profesional etc.

Pero hoy quiero enfocarme en tres dimensiones específicas.

Para lograr esto, quiero usar dentro del proceso de la construcción una práctica poco comentada, pero a la vez importantísima para crear la base de una evolución practica y con muchos resultados.

Existen muchas teorías, muchas filosofías que hablan de eso, pero que al final, durante el tema, vamos a poder hacer muchas aplicaciones a nuestra vida, porque considero que ese tema es realmente maravilloso entenderlo, reflexionarlo y aplicarlo.

Entonces, sin más preámbulo, vamos a las tres dimensiones de la vida.

Y aquí la acción practica que quiero usar para adentrar a las diferentes dimensiones será la siguiente:

Hacer algo por primera vez

¿Por qué lo llamo la acción práctica?

Porque cuando se construye una casa se utiliza mucho cemento para pegar los ladrillos y formar una sólida construcción.

De la misma manera, hacer algo por primera vez es como el cemento que une y fortalece nuestras experiencias.

Les pregunto, ¿cuántos recuerdan su primer día de escuela, su primera vez en el dentista? Cada persona se recuerda cuándo fue (dependiendo de la edad que tenga).

También analizo el primer sándwich que comiste en tu vida, el primer paso que diste, aunque tal vez no lo recuerdes, pero las personas grabaron videos y sacaron fotos para tener estas memorias.

Recuerdo muy bien cuando tenía siete años, la primera vez que pedaleé una bicicleta que mi papá estaba empujando y de repente soltó, y dije "puedes soltar" y en verdad estuve pedaleando solo por un buen rato sin darme cuenta, lol.

Y así fue mi primera vez que sentí aquella emoción.

La primera vez que maneje una motocicleta en Brasil, me sentía que estaba en una nave espacial.

Les quiero llevar conmigo hacia una reflexión:

De recordar porque mucha gente usa la palabra virginidad solamente para hablar de la sexualidad.

Está bien analizarlo en este aspecto ese tema, está correcto el uso, pero si analizas, te darás cuenta de que es muy importante ver todas las áreas vírgenes de nuestra vida, que un día hubo una primera vez.

Hubo una primera vez en la iglesia, hubo una primera vez en una biblioteca, la primera vez que fuiste a jugar el futbol, que usaste el uniforme de tu equipo.

"Teixeira, ¿por qué nos estás hablando de este tema?"

Porque me parece una reflexión que me trajo mucha conciencia a mi ser.

Cuando analizas por qué el Creador creó este planeta, un día tuvo por primera vez la idea: "Voy a crear la Tierra", "Voy a crear el sol y la luna".

¿Qué pensó El en aquel momento?

No lo sé, no tengo respuesta para esa pregunta, pero me gusta la reflexión.

¡Por qué ni siempre una mentoría tiene que tener respuestas!

Muchas veces, una buena mentoría tiene que tener las **preguntas correctas** que te van a llevar a tu respuesta, porque mucha gente que lee mis mentorías no está buscando mi opinión.

Está buscando sus proprias respuestas. Que le permitirán por primera vez contactarse con su despertar.

Separo al mentor del hombre.

El hombre tiene sus imperfecciones que se reflejan, quizás, en el mentor, y el mentor tiene grandes cualidades que se reflejan en el hombre.

Es un tema muy profundo, y quiero que ustedes puedan sentir todo el sabor que tiene esta reflexión sobre las tres dimensiones de nuestra vida, pero con los lentes de hacer algo por primera vez, el cemento, el clavo, la ilustración que quieras colocar, la harina en el pan.

El pan está hecho de harina, pero no solo de harina, tiene otros elementos también. Y aquí es donde quiero introducir las tres dimensiones de la vida.

La primera dimensión:

Es la primera vez que entendiste que eres un ser humano.

La primera vez que entendiste que estabas vivo, que estabas viva.

No escucho a nadie casi hablar de ese tema, por eso siento que necesito llenar esta laguna.

De recordar a la humanidad este importante aspecto.

Seguramente conoces a alguien que todo el tiempo se pasa culpándose por errores que cometió en su pasado;

¿por qué me casé con aquella persona?, ¿por qué gasté tanto dinero?, ¿por qué hice, por qué no hice?, ¿por qué le hablé así a mi hijo? Etc.

No nacimos sabiendo, tardamos meses para aprender a caminar, necesitábamos ser amamantados, no podíamos asear nuestro cuerpo, nuestra ropa, nos hacíamos pupú en los pañales. A veces nos olvidamos de que un día fue la primera vez que lloramos cuando salimos del vientre de nuestra madre, cuando nos dieron ese golpecito, la primera vez que derramaste una lágrima.

Mucha gente, a veces, necesita muchas cosas para motivarse. En radio Metroplex tuve un programa de que se llamaba "La hora de la motivación", los viernes a las once de la mañana (hora Texas), donde me gustaba trabajar estos músculos de la humanidad para entender la primera dimensión de la vida: **"soy una vida"** ...

Necesito dedicar tiempo para mediar sobre; que Recibimos un grande regalo de parte de nuestro Creador.

Recibiste la mayor tecnología creada en la Tierra.

Por ejemplo, tu cuerpo:

Tus manos, tus pies, tus piernas, tus ojos, tu boca, tu nariz, tu cuello, etc.

Otro ejemplo tu Cerebro:

Donde tu personalidad, tus pensamientos, tu memoria y tu imaginación, recuerdos y sueños.

Recibiste la mayor tecnología inventada en la Tierra.

Tenemos que gastar tiempo de calidad para Agradecer por nuestra vida y Conocerla parte por parte.

¿Cómo está mi salud? ¿Mi alimentación? ¿Estoy comiendo saludable?

Sé que entre mis lectores la mayoría se preocupa por alimentarse bien, pero hay gente por ahí que come un montón de comidas que sabemos que hacen mucho daño para su cuerpo.

No podemos ir a comprar un hígado humano al supermercado. Venden hígado de animales, pero no uno para nosotros. Ahí no se venden esófagos, estómagos, páncreas. Mucha gente me dice "Ah, Teixeira, te gusta comer sano". Yo digo "Men, si yo tuviera un carro Mercedes siempre le pondría la mejor gasolina porque es un carro fino.

Nuestro cuerpo es una estructura impresionante, le pones comida y esa comida se transforma en ti.

Es un tema muy profundo, no quiero extenderme tanto, pero la primera vez que comiste, la primera vez que hiciste una dieta, la primera vez que fuiste al gimnasio, la primera vez que tuviste una novia o novio, la primera vez que besaste, la primera vez que te casaste, la primera vez que te enamoraste.

De seguro existen muchos errores que cometiste en tu pasado en diferentes áreas porque estabas haciendo algo por primera vez.

Tenemos que dar un descuento, la palabra perfección, del hebreo, significa meta, camino, objetivo, y en el griego significa algo absoluto, que no tiene error.

Pero cuando nosotros analizamos la historia de la humanidad, tenemos mucho ensayo y error. Cuando aprendes a caminar, tienes que caer un par de veces, cuando vas aprendiendo a hablar, aprendes a decir pequeñas sílabas.

apreciados, todos los que hemos nacidos de una Mujer, adentramos a la primera dimensión de nuestra vida.

¿Cuándo fue la primera vez que te diste cuenta de que estás vivo, de que eres un ser humano extraordinario?

¿Cuándo conmemoraste tu cumpleaños con lágrimas de alegría por estar vivo un año más?

Para mí, no es una respuesta, es una reflexión. Por eso digo no me pida un bufé cuando te estoy sirviendo una porción de una comida especial, rica, sabrosa con muchas vitaminas, porque la Base que el Creador nos dio es hacer

Que constantemente estaremos haciendo algo por primera vez.

Por ejemplo, yo siempre digo a la gente "nunca tuve 50 años, es la primera vez". Y pronto voy a cumplir 51 en julio. Será la primera vez que voy a tener 51.

Tenemos que entender que hay más virginidad en nuestra vida que la sexualidad, mucho más. La primera vez que estudiaste la Biblia, la que diste una charla, la primera vez que diste una mentoría. Los que estamos en diferentes etapas de nuestra vida hoy, tuvimos de pasar por la primera dimensión de la vida.! Cuando entendemos esto verdaderamente, seremos inundados por primera vez, de un sentimiento de que eres un ser espectacular, un ser vivo hijo de un Creador maravilloso y amoroso.

Así que hoy te pido que prestes más atención a La vida milagrosa que eres.

La segunda dimensión

Mis Afectos

Pero la primera vez que sentiste el amor de madre, el amor de padre, el amor de hermano, de hermana, de primo, de tío, de abuelo, abuela, de madrastra, padrastro, que hermoso y profundo que es ¿verdad?

Tu primera novia, tus primeros amigos, tu primer novio, tu pareja.

Todo tiene en los afectos una primera vez.

Y ahora que te presento este tema para la vida práctica.

Te quiero decir que el elogio que le vas a dar a tu madre hoy, la llamada telefónica va a ser la primera vez que la vas a llamar, la primera vez que vas a decir "Yo te amo" para tu esposa o esposo, novio, novia, enamorado, enamorada.

Va a ser hoy por primera vez porque ese día nunca existió antes.

Tenemos que volver a la virginidad de cada día.

Yo nunca viví este día antes en mi vida, va a ser la primera vez. "Ah, pero ya viviste días parecidos" Ahí está, parecidos, ¿por qué? Porque ahora estás más experto, más lúcido, más preparado, más vivo.

Está fuerte esta mentoría, lectores, para mí también, porque me puse a pensar:

hacer algo por primera vez, en la dimensión de los afectos.

Eso es como un jardín que cada día vuelves a colocar agua en las plantas, no puedes regar con varios litros de agua y luego irte de vacaciones.

Hay partes de nuestra vida que tenemos que hacer algo por primera vez en este día.

Lo primero que me gusta hacer cada día es ponerme feliz, lo primero que hago a la mañana, desperté, ¡gol! Viste cuando gritan ¡gol!, la emoción que le ponen a un gol. Yo tengo un equipo en Brasil que me gusta, y cuando hace un gol es una euforia, y yo digo "desperté a la mañana, gol".

Señores nuestros afectos, decir a las personas que están en nuestra vida lo cuánto las amamos cada día, es la primera vez de este día que estoy haciendo eso.

Cuando renuevo mis votos cristianos o a donde sea, en la iglesia que sea, la creencia que sea, es la primera vez que lo estoy renovando esos votos; sean matrimoniales, sean de salud,

pero mis afectos, tengo que checar cómo está esa área de mi vida, esa dimensión. ¿Soy una persona amorosa? Me refiero, soy una persona que ama de manera sana, equilibrada, constante, presente. Siempre con mis hijos les estoy diciendo lo extraordinario que son.

Me enfoco en sus virtudes, en sus talentos. Pero eso soy yo, es mi estilo, mi vida, pero me gusta que hagamos esta reflexión:

¿Te gustaría ser una persona más amorosa? Tienes que tomar la iniciativa. Al principio, es probable que el otro se va a reír, no te va a entender si nunca habías dicho esas cosas, esas palabras. Pero requiere entrenamiento aprender a amar.

Por eso soy un mentor diferente, a mí me gusta trabajar los músculos del ser.

A mí no me interesan las respuestas porque las respuestas para cada persona van a ser diferentes.

A mí me gustan las preguntas como herramientas de crecimiento.

Es muy importante que reflexionemos en estas líneas:

hacer algo por primera vez.

La primera vez que besaste, abrazaste, pero cada día se renueva eso porque este día está virgen.

Nunca sucedió en toda la eternidad, en los miles de años que existe este planeta, el día de hoy jamás nació antes y jamás se volverá a repetir.

Agradece hoy a:

A tu madre, a tu padre, a tus hijos a tu pareja. Siente genuinamente la gratitud que le tengas a estas relaciones de amor.

"Ah, pero yo no estoy acostumbrado a agradecer". Bueno, va a ser la primera vez. Pero para eso, tienes que desafiarte a hacer algo por primera vez.

Cuando estoy con mi pareja, me gusta decirle siempre cosas lindas, no mentir, no estoy mintiendo. "Te ves hermosa, no sé qué tienes hoy". "Ay, dime qué tengo", "No sé, pero estás hermosa, dame un abrazo". No cuesta hacer algo por primera vez. "Ah, no. Ella sabe que la quiero". Cuánto escucho eso; casi 80% de mis mentorados son mujeres, porque es un ser que está en constante evolución. Por eso les digo, la segunda dimensión; analiza tus afectos. Los diferentes afectos que tengas. Hacer algo por primera vez; entrénate, arriésgate; es parte de la vida nuestra aquí en la Tierra.

Disfruta de la dimensión de los afectos y presta más atención en ellos. Evalúa y veras que es una de las dimensiones más importante de nuestras vidas.

Ahora quiero entrar en la tercera dimensión

Nuestros Proyectos

porque me entusiasmo con este tema. La primera vez que hiciste un proyecto. Puede ser un proyecto de caminar, de ejercicios, de salud, de iglesia, profesional, de tu trabajo, de tu negocio, de un hobby; como jugar una partida de tenis con tus amigos, futbol. Es decir, estás creando un proyecto de recreación. Cuando organizas un viaje, es un proyecto recreacional para divertirse, cuando organizas algo en la iglesia es un proyecto espiritual, como el coro de la iglesia. Me gusta dar muchas ilustraciones.

Pero, un día fue tu primera vez que cantaste en la iglesia, que oraste en público, que predicaste. La primera vez que estuviste en la escuela un trabajo en grupo. "Ah, Teixeira, pero ¿por qué es tan importante eso?" La primera vez que emprendiste un negocio, ganaste o perdiste dinero; ¿cuáles lecciones aprendiste de todo eso?

Hacer algo por primera vez

Tengo un amigo que hace años atrás en un proyecto que trabajamos juntos y luego aparecieron las criptomonedas, él se arriesgó y bueno, le fue muy bien, se hizo millonario.

Conozco otros que entraron en las criptomonedas y que no les fue bien para nada.

Al hacer algo por primera vez muchas veces no puedes controlar el resultado de eso, pero para mí es muy importante que nosotros podamos activar ese sensor de hacer algo por primera vez y podamos disfrutar, gozar de estar repitiendo esa experiencia, porque va a ser la primera vez que haces en esa etapa de tu vida.

Puede ser que hayas visto una película por primera vez en el año 2000, y ahora la ves de nuevo cuando ahora ya eres padre, eres abuelo, y comienzas a sentir otras emociones, y es la primera vez que estás sintiendo esas emociones. Cuando das un beso a una persona, la primera vez que besaste a esa persona en este día.

Amigos lectores y lectoras, tenemos que traer la virginidad más cerca de nosotros y entender que cuando tú comienzas a hacer algo por primera vez en este día, una cosa es que lo hiciste en tu vida, pero otra cosa es que comiences a hacerlo cada día tu obra maestra, virgen, que la oración sea virgen, que el estudio sea virgen, que la comida sea virgen. Cuando voy a comer en mi restaurant favorito trato que sea como la primera vez porque me gusta vivir con esta virginidad en mi vida, porque me trae más sabor a mi vida, aleja la depresión, la angustia, la ansiedad, quedamos inmunes. Estas mentorías nos traen inmunidad porque el trabajo más difícil y más espectacular ya lo hizo el Creador, que nos regaló la conciencia, la mente, el cuerpo, y todo. Imagina plantas una semilla y nace comida de la tierra.

No consigo explicar eso, es demasiado grande, me llena de gratitud. Entonces, por eso digo, la tercera área, cuando vas a hacer un proyecto, negocio, que vas a dar una charla, para ganar dinero, tienes que colocar tu corazón pues va hacer por la primera vez.

"Ah, no me salió bien, excelente fue la primera vez, la segunda te va a salir mejor, la tercera". Pero siempre trae a tu mente:

"Estoy haciendo algo por primera vez en este día".

Puedes ver que los peores accidentes de automóvil, de motos, de carros, son de hombres muy expertos, pero se olvidaron que un día que hicieron algo por primera vez, y que tienes que estar siempre revisando. Por ejemplo, yo voy a hacer un viaje ahora a otro estado, voy a viajar a Colorado, posiblemente la semana que viene. Y esa semana voy a revisar el carro porque va a ser la primera vez que hago el viaje en carro hasta este lugar. Quiero checar los hoteles del camino, los restaurantes, para planificar porque voy a hacer algo por primera vez.

Apreciados, espero que esta reflexión te sirva en tu vida práctica y que traigas la virginidad de vivir una vida más feliz cada día.

Es la primera vez que estoy sintiendo esta alegría en este día, gózala, disfrútala, porque es el regalo que el Creador te dio, permitir a los humanos vivir muchas cosas por primera vez y poder saborear, evaluar, crecer, meditar, reflexionar, alabarlo, glorificarlo, hacer algo por primera vez.

Espero que este capítulo te pueda servir en tu despertar y que puedas repasarla una y otra vez para sacar el néctar de ese conocimiento, que nos permita disfrutar cada vez más el hermoso regalo que hemos recibido, que es esta vida, nuestros afectos y nuestros proyectos en esas tres dimensiones que la vida nos ha regalado a través de nuestro Creador.

Deseo sinceramente que pueda haber sido útil esos minutos y que realmente tú puedas, antes de terminar esta vida, haber disfrutado cada pedacito de tu existencia, porque ese es para mí, la grande idea del Creador de haber inventado este planeta, de permitir al ser humano llegar a lo máximo, exponencial, desde su sabiduría y gozar en el camino todas las realizaciones, todas las derrotas y victorias que nos permiten evolucionar.

Tarea:

¿Cuáles son las actividades que estás haciendo por primera vez en esta etapa de tu vida?

_____
_____
_____
_____
_____
_____
_____
_____
_____
_____
_____
_____
_____
_____
_____
_____
_____
_____
_____
_____
_____
_____
_____
_____
_____
_____

4
LOS DESPERTARES DE LA VIDA

Ahora vamos a hablar del despertar. También quiero tocar con ustedes tres partes del despertar. Existen varios despertares en nuestra vida, pero cada despertar está dividido en tres partes. Está cuando llegaste a tus seis, siete años, cuando comenzaste a tener una idea de que eras una persona, de que tenías un nombre.

Entonces el primer despertar de la niñez, esta es mi casa, este es mi tío, esa es mi mamá, ese es mi papá; ese despertar de saber que tienes un lugar, que vives, que tienes un equipo de fútbol, que tienes una religión, o sea, comienzas a tocar ese primer despertar.

Después otro despertar importante está en la adolescencia; el despertar de las hormonas, del enamoramiento por el sexo opuesto, etcétera... Luego está el despertar profesional, comienzas a decidir qué carrera vas a estudiar. Después está el despertar de tomar la decisión de casarte. Después está el despertar de la paternidad, y hay varios despertares. Está el despertar espiritual, de conocer a tu Creador, de conectarte con Él, por eso digo, entonces, la diferencia del nacimiento y el despertar tiene un proceso muy interesante que son diferentes etapas de tu vida, pero me quiero dirigir ahora al presente, quiero dirigirme a tu etapa presente, de tu regalo que tienes ahora.

Estaba leyendo que muchas personas le preguntaron a Galileo Galilei:

—¿Cuántos años tienes? —y él dijo— Tengo diez.

—No, quiero saber exactamente tu edad —le dijo la persona.

—Tengo ochenta años, pero pienso que me quedan diez.

Tomando ese ejemplo, es práctico pensar en los años que quedan por vivir, porque los años vividos ya no tenemos que contabilizarlos más, hay que contabilizar los que vendrán.

Siempre procuro ser optimista colocando la regla de tus bisabuelos. Vamos a suponer que mis abuelas llegaron a los noventa y seis. Por lo tanto, uno pueda llegar a calcular que le faltan treinta o cuarenta años como una proyección. Por eso quiero hablar de ese despertar de hoy en adelante, o sea, este despertar de ahorita.

La primera parte del despertar es cuando te das cuenta del talento, del potencial, del regalo que has recibido, la familia maravillosa que está a tu alrededor, los desafíos que están a tu alrededor. Entonces, el primer aspecto del despertar es ese, es *identificar tu despertar*.

Algunos ahora están en la etapa de abuelos, despertando ese otro lado que no estaba porque nunca habías sido abuelo antes; otros están en el despertar del primer matrimonio o del segundo matrimonio; por eso digo, yo no sé en cuál despertar estás, pero en primer lugar identifica que está ocurriendo un despertar, identifícalo; toma un cuaderno, una agenda, en tu celular, en tu laptop, en donde tú quieras, y comienza a analizar.

"¡Wow!, mira, tengo las dos manos, los dos pies, me regalaron intelecto, me regalaron inteligencia, tengo a mi favor ángeles, el poder del Creador, del Espíritu, de la creencia que tú tengas". O sea, porque algunos me dicen "¿Cuándo me doy cuenta de mi despertar?" Es cuando tu comienzas a quedar espantado con lo magnifico que es estar vivo y parar con tantos peros, parar con tantas excusas, parar con tantas historias, que las vienes cargando a través de muchas generaciones y darte cuenta que tu vida va a ser el resultado de lo que tú quieras hacer.

"¡Ah no, pero Teixeira, yo tengo que pensar en el plan de Dios!" Le digo "piensa conmigo". Si el Creador tuviera realmente un plan, así, definido, él te daría un chip, te daría una inteligencia artificial, ahora que está de moda la Inteligencia Artificial. Pero no, tu inteligencia es una inteligencia natural, porque el Creador a ti te dio una palabra llamada libertad; puedes buscar su sabiduría, sus enseñanzas, pero en todas las etapas de tu vida tienes que tomar las decisiones.

Entonces, por eso, identifica tu despertar profesional; ahora con la COVID-19 muchos han cambiado su profesión. Identifica, "mira, me quiero dedicar a eso, me da placer, me genera dinero, yo le pongo un sobrenombre". Entonces, el punto aquí es muy importante que nosotros podamos concentrarnos en que el primer despertar que tenemos es cuando lo identificas. "Estoy despertando para el amor, estoy despertando para el trabajo, estoy despertando para alguna actividad", es muy importante eso.

La segunda parte del despertar

Es ahora cuando vas a organizar tu despertar, ya lo identificaste, por ejemplo, quiero dedicarme a un proyecto X; entonces, ya identificaste el despertar, ahora tienes que organizarlo, y aquí entran las estrategias, los planes, aquí entran varios factores. Comenzarás a organizar ese segundo aspecto. ¿Estás enamorado de alguien? Deberías preguntarte, ¿es realmente está la relación que quiero? ¿si doy este regalo a esta persona la voy a enamorar más?, ¿y si se enamora más realmente quiero algo más serio con esta persona o no?

Eso se llama organizar para evitar sufrimientos, para evitar ciertos desgastes, porque a veces usamos el nombre de Dios para colocar culpa y muchas cosas que tienen que ver con nuestra incompetencia, con nuestra falta de organización; y claro, tal vez que ninguno que está leyendo esta mentoría, no es tu caso, eres una persona muy organizada, pero posiblemente conoces a alguien que vive dando la excusa de que lo que pasó es un plan divino misterioso.

Lo que va a pasar después cada uno tiene su creencia y que sea lo que sea, pero nosotros tenemos que entender que lo único que tenemos es el aquí y ahora, y tenemos que identificar que ser padre de una niña de diez años no es lo mismo que ser padre de una niña de veinte; que ser madre de un hijo de quince no es lo mismo que un hijo de treinta, y que necesitamos despertar nuestra paternidad en las diferentes etapas, sin culpa, sin cargas, pero buscando estar ahí presente, enfocado, organizar tu despertar; "mira, esto va aquí, esto va allí, hoy voy a llamar aquí, hoy voy a hacer eso , a ver, ¿cuánto quiero ganar este mes? Bueno, con lo que estoy haciendo, ¿puedo llegar allá? ¿O es pura ilusión?" Organizar, agarrar una lupa, muchas veces la gente dice "hay que tener mucha autoconfianza".

Digo que cuidado con eso, porque si no estás organizado la autoconfianza es peligrosísima, lo que necesitamos tener organización y la claridad y esto sólo va a ocurrir cuando yo ponga mis pies sobre la tierra y entienda que mi vida depende de mis decisiones, y no puedo estar en ese jueguito de tomar decisiones y después colocar la culpa allá arriba; no te olvides, Adán y Eva pasaron lo mismo. Eva dijo que el problema fue que la serpiente le había dicho y después, cuando llevó a Adán, Adán dijo que la mujer le había dado, y cada uno tenía una historia; o sea, que ya viene esa herencia, pero tengo que ser realista en el siguiente aspecto. Identifica en que áreas de tu vida estás despertando, porque hay otras en las que estás dormido y está todo bien, porque a lo mejor hay algunas relaciones en tu vida en las que ya te hiciste el loco, ya te hiciste la loca; tal vez no es tu caso, pero hay quienes se comporten de ese modo.

Es probable que haya algo adentro de ti, alguna culpa que quedó de tu niñez, alguna cosa que te pasó, y todavía estás con eso ahí, pero bueno es tu vida al final, Pero es importante despertar para el dolor que está ahí guardado, ese resentimiento, ese rencor.

Importantísimo es "organízalo"

Y si no puedes sólo busca ayuda de un profesional, para eso están.

Apreciados, nosotros debemos entender que nos tenemos que hacer cargo del regalo que recibimos; tú eres el mayordomo de tu vida, el mánager, qué sé yo; el gerente, el presidente. El Creador es el dueño de todo, pero aquí nosotros tomamos las decisiones; tú eres el CEO de tu vida. "¡Ah, mi vida es un caos!" Entonces la pregunta es, ¿eres un buen o mal CEO? Pero la clave aquí no es estar llorando nada más, la clave aquí ahora es *identificar y organizar.*

El Tercer parte de despertar es:

Conquistar

Conquistar es cuando pones en práctica las cosas que habías organizado, porque muchas personas dicen que "¿Cómo puedo alcanzar mis metas?"

Para esto es necesario ver:

¿cuál es la diferencia de meta e intención? Intención, por ejemplo, voy a bajar de peso, eso es una intención; me quiero casar, eso es una intención; quiero conocer una persona especial para mi vida, eso es una intención; quiero ser un mejor padre, eso es una intención.

Algunos confunden con meta, grande diferencia que la meta tiene fecha. Solo así podemos llamarla de meta cuando le ponemos un plazo fijo.

o sea, voy a bajar cinco libras para el veintiocho de febrero; voy a pedir el noviazgo a fulana porque estoy enamorado, para su cumpleaños, esas sin son metas; voy a ganar tanto dinero por mes el día tal, eso es una meta.

¡Ah, "quiero ganar más dinero!", eso es una intención; y yo no estoy criticando a nadie que tiene intenciones, no está obligado a tener metas, pero no digas meta a lo que no es meta.

Para aplicar lo que organizaste en tu despertar, necesitas ahora un plan de acción, a mí siempre me han gustado los planes de treinta días y los planes de noventa días; por supuesto que puedes organizar planes más largos, de cinco años, y todo lo que tú quieras, pero con las transformaciones que hay en el mundo hoy, yo siempre quiero dejar claro, revisa ¿cuál es la diferencia entre nacimiento y despertar?

Y dentro del despertar están esas tres partes importantes. Identifica tus despertares, organízalos y conquista, aplicas y entiendes que puedes vivir con muy lindas intenciones y está bien, si estás buscando consuelo para tu corazón, está perfecto, pero si quieres tener resultados, deben tener fecha, tus intenciones deben tener fecha.

"Ah, pero señor Teixeira, no pude llegar con la fecha" Ok, cambias la fecha entonces, pero no andes cambiando a cada rato. La clave está en que realmente entiendas que el proyecto de tu vida es un regalo y que tú eres el piloto de esa nave.

El Creador te puede dar ideas, te puede dar poder, te puede dar un montón de cosas, pero al final quien tiene las manos sobre el volante eres tú.

Espero que esta reflexión haya sido útil, léela más de una vez. Mi gran objetivo es que tu vida sea poderosa, nada más depende de ti que despiertes: Identificando, organizando y conquistando tus verdaderos sueños.

Un fuerte abrazo y que el Creador te bendiga abundantemente en cada uno de tus despertares.

Tarea:

¿Cuáles son los despertares que estás viviendo en este momento en tu vida?

_____
_____
_____
_____
_____
_____
_____
_____
_____
_____
_____
_____
_____
_____
_____
_____
_____
_____
_____
_____
_____
_____
_____
_____
_____

5

CLARIDAD

Es un honor para mí desarrollar este capítulo e ir directo al tema de hoy porque es muy inspirador y profundo. Muchas personas, diferentes líderes, tanto de Iglesias, de negocios, de diferentes proyectos, muchas veces enfatizan en la importancia de los propósitos, y algunos hablan de los propósitos divinos. Les quiero hacer un reto, un desafío a mirarnos en una carretera que está al lado del propósito, pero que nos va a permitir realizar cosas más grandes con más efectividad, más placer, más alegría y mucho entusiasmo

Es una palabra muy importante, tanto en el mundo cristiano como en otras denominaciones o creencias. Por eso quiero declararla como un tema importante desde esta introducción, porque quiero llamarte la atención para que pongamos el cinturón de seguridad y nos encaminemos hacia este tema, porque puede traer muchos diamantes, muchas perlas de sabiduría que pueden aportar a nuestra vida. Entonces, hoy quiero trabajar sobre una palabra muy importante, y les voy a dar varias ilustraciones para poder profundizar, porque creo que es una de las cosas más importantes hoy día tanto en liderazgo, en adoración, como profesionalmente; la palabra que quiero transmitir hoy en esta mentoría es la palabra **"claridad"**.

Estuve buscando la palabra claridad en el diccionario y hay diferentes explicaciones. Claridad es exceso de luz, abundancia de iluminación. Existen varias traducciones y usted me dirá "Señor Teixeira, pero ¿qué tiene que ver eso con el propósito?

Tiene que ver con que, de alguna manera, cuando el Creador organizó toda la creación y nos dio el privilegio de poder vivir sobre este planeta, nos dio una tarea que va junto de la mano como responsabilidad y privilegio, pero para que podamos gozar el éxito en varias áreas de nuestra vida, como en nuestra relación con nuestro Creador, nuestros afectos, nuestros proyectos, nuestra profesión, *la claridad* cumple un papel muy importante, porque en el momento que nosotros estamos iluminados o iluminamos lo que estamos haciendo —¿qué quiere decir eso, señor Teixeira?

Quiere decir que tengamos una percepción más clara, que nosotros podamos tener una lectura de la realidad realmente exacta, porque muchas veces estamos siempre analizando esas cosas y a veces incluso diciendo eso es voluntad de Dios, eso no es voluntad de Dios.

Quiero traer a la reflexión la palabra claridad, por ejemplo, la primera parte en la que quiero aplicar la palabra claridad es en la manera como tú viniste al mundo, la manera como yo vine al mundo.

Mucha gente toma el embarazo, toma esos temas ya como una cosa muy común, pero si usas la palabra claridad, te darás cuenta de que eres fruto de una relación amorosa entre dos personas, un hombre y una mujer que en algunos casos se amaban mucho y fruto de ese amor, de esa atracción, salió del hombre una semilla donde, salieron cuarenta millones de posibilidades; y en la mujer el óvulo receptor recibió esa pequeñita forma. Si miras con **claridad** te darás cuenta que esto es un evento milagroso, espectacular y fantástico, porque en cuarenta millones de posibilidad, adivina qué. Tú fuiste la persona que tuvo el privilegio de venir a este mundo, **la claridad** te va a ayudar a entender los nueve meses donde se formaron tus deditos, tus uñas, tus deditos de los pies, etc...

Para algunas que me están leyendo va a ser más fácil entender esto pues, cuando estuviste embarazada, las que ya tuvieron bebés, que dentro de ti se formaron las piernitas, los deditos, las venas, el sistema neurológico.

Cuando tenemos claridad nos damos cuenta de que es una tecnología impresionante. Está bien el iPhone, el Android, está bien toda la tecnología, los cohetes ahora que van a Marte, todo eso también es extraordinario, pero piensa conmigo, en la relación con nuestro Creador, nuestra creación.

¿Cómo el Creador hizo la Luna, el Sol, las estrellas?

Nos está faltando claridad para poder absorber la esencia del gran regalo que hemos tenido y que seguimos teniendo, porque si estás leyendo esta mentoría es porque el regalo está en ti. En verdad tú eres un Regalo.

Esto es claridad, claridad de ver que en esos nueve meses se formó tu cuerpo y cuando naciste también fue un evento que aconteció de manera milagrosa. Yo tuve que salir con fórceps, muchas personas tuvieron grandes desafíos para nacer, pero aquí estamos.

Entonces, la primera parte que quiero lograr es que puedas conectarte con la **claridad** de que tu vida es un milagro extraordinario. Eso es claridad, es entender que la gratitud no es decir nada más gracias, eso es educación, y está muy bien que lo sigas haciendo, cuando alguien te hace algo "gracias", "muchas gracias", eso es educación, pero la gratitud es una nueva mirada hacia todo lo que tienes, hacia todo lo que eres, hacia todos los privilegios que has tenido, los grandes honores que has tenido, y claro, también las grandes responsabilidades que tenemos de cuidar de nuestro cuerpo, de nuestra mente, de nuestras decisiones. Por lo tanto, la primera parte, para mí, es analizar cuando estás tú delante de tu Creador con suficiente **claridad** para agradecer.

A veces yo escucho algunas oraciones, sé que no es el caso de ninguno de quienes están leyendo este libro, pero de seguro que conoces a alguien, algunas personas que están dando instrucciones al Creador, están queriendo enseñar al Creador, están haciendo oraciones como si estuviesen en un supermercado. No critico a tales personas, pero cuando tienes un poquito de claridad, si tú realmente estuviera enfrente del Creador de más de doscientos billones de galaxias, de los océanos, de los continentes, de la vida, del fuego, la tierra, el aire, el agua, el Creador de los elementos, y saber que nuestro planeta está girando alrededor del Sol, que justamente el día treinta y uno completó su ciclo y ahora sigue otro ciclo de trescientos sesenta y cinco vueltas, cincuenta y dos semanas, yo quiero transmitirles la importancia de pedir por claridad. Claridad para agradecer que puedes caminar, que puedes abrazar, porque mucha gente está en este momento en un hospital con algún dolor, pasando por un momento difícil. Tienes razón de decir que es un día difícil, o un mal día, pero a muchos de quienes leen estas líneas no les duele nada.

Claridad, señores, tenemos que honrar el día que tenemos con claridad, porque esa claridad, cuando mires bien la vida extraordinaria que está en nuestra frente y lo extraordinario que es respirar, lo extraordinario que es caminar, ver el sistema visual, toda la tecnología, el ojo mueve para la derecha para la izquierda, arriba abajo, nuestras manos, y yo podría estar mencionar todo el cuerpo humano aquí días y días, yo diría décadas, para que nosotros podamos analizar con claridad, el gran regalo que hemos recibido de nuestro Creador.

La segunda parte de la Claridad

Que quiero analizar con ustedes en esa misma tonada es sobre *nuestros afectos*, el afecto que tienes para tu Creador, los afectos que tienes para tu madre, tu padre, tus abuelos, bisabuelos; si están vivos, tu esposa, tu esposo, tus hijos, parientes, amigos cercanos; los afectos pueden también ser del trabajo, pueden ser de la familia, pueden ser de la iglesia, pueden ser de muchos lugares. ¿Tienes claridad en esas relaciones? Si eres un hombre casado, ¿estás honrando con claridad este matrimonio? Me imagino que sí. ¿En tu relación con tus hijos hay claridad? ¿Eres un padre afectuoso?, ¿un padre presente?, ¿eres un padre que participa, que respeta las decisiones de tus hijos?

Claridad para ver cómo están tus relaciones con tus hijos,

Claridad en la relación de pareja.

¿Eres una mujer cariñosa? ¿Eres una mujer que busca a su marido para consentirlo en el amor? o dejas toda la tarea para él?

Es muy importante la claridad en tus afectos, en tu vocabulario; con tu familia, pareja, iglesia, claridad en el afecto con tus relaciones de trabajo, tus relaciones éticas de trabajo. ¿Cómo está la claridad en estos aspectos? Incluyo el afecto por ti, ¿cómo está el afecto? ¿Amarás a tu prójimo como a ti mismo? Claridad, leer entre líneas esa palabra que ya tiene más de dos mil años. para mí es muy importante esta reflexión, porque si tienes claridad no tienes que preocuparte de tu propósito, porque él se va a dar solo; porque estás en la jugada, tienes claridad de lo que tienes que hacer, tienes claridad de quién aprender, tienes claridad para seguir el sistema de tu negocio, el sistema de tu iglesia, el sistema de tu matrimonio porque tienes claridad.

A veces hay situaciones que no queremos ver, a veces hay cosas que no queremos escuchar porque no queremos ese tipo de claridad, pero debemos tener claridad porque somos aquí en esta Tierra algo muy pasajero, millones de millones de millones, billones de seres humanos ya pasaron por acá, mueren millones de personas cada año por enfermedad, accidentes, vejez y muchas de esas personas pasan la vida muy rápido en esta Tierra.

Por eso hay que tener claridad de cuál es la etapa de la vida en que estás, cuáles son las prioridades de esa etapa de tus afectos. ¿Será que hay que pedir perdón a alguien?,

¿será que hay que agradecer a alguien?,

¿será que hay que arrepentirte de algo?,

¿será que hay que estar orgulloso de algo?,

¿tienes un tiempo apartado diariamente para analizar qué tanta Claridad hay en tu vida?

Son preguntas importantes...

¿Y por qué son importantes estas preguntas?

Es Ayudarnos a tener más claridad para decir más te amo, claridad para decir más te quiero, claridad para decir que estás linda mi amor, me encanta como te ves, me encanta como te queda esta ropa.

Apreciados, los elogios son muy importantes en todas las relaciones.

Deben ser sinceros, y verdaderos

Hay gente que dice: "yo no soy así".

Bueno, no sabías manejar en Auto pistas, pero un día tuviste que aprender, ¿verdad?

Así que podemos aprender a amar, a valorar nuestros seres queridos, pero para eso necesitamos tener *claridad*.

Esta reflexión es muy importante para colocar claridad en la relación con tus afectos, y también agregar esta Claridad en la relación contigo mismo. Un Amor incondicional hacia ti mismo porque eres un regalo hecho por tu Creador, Y esta Claridad te dará mucha paz y entusiasmo por la vida.

La tercera parte la Claridad

¡Aquí hablaremos de la claridad profesional!

Que puede ser aplicada para tu trabajo actual o los trabajos que tengas, para tus negocios, tal vez sea un negocio tradicional de multinivel, bienes raíces, cualquier otro. O si eres un abogado, médico, o profesional de otra área.

Claridad en tu vida profesional. Si eres más joven, claridad en tus estudios, en tu preparación, en tus hobbies, en tus proyectos, en general.

Queridos, necesitamos tener claridad. Hay personas que me preguntan:

"Teixeira, ¿cómo puedo llegar a ser ejecutivo de una compañía o embajador".

Siempre digo: ¿Pregunta a los que ya llegaron lo que tú quieres lograr?

Cuántas presentaciones de negocio hicieron o en cuántos eventos participaron.

Claridad señores; hay un sistema hay un camino que seguir en cualquier proyecto que elijas, y si estás comenzando un proyecto nuevo te felicito por este valor.

Pero para poder construir lo que quieres vas a necesitar *claridad*. Claridad de objetivos, claridad de metas, claridad de preparación, claridad para conocer cada detalle de lo que estás haciendo; por eso la idea principal de esta reflexión es que nosotros podemos ver las diferentes perspectivas por la línea de la claridad.

Por ejemplo, incluso si ya eres un profesional, ¿estás realizado o realizada con tu profesión?

¿Con tu trabajo, con tus negocios?

¡La buena noticia es que en tu tiempo libre puedes descubrir tu pasión!

Si es que no la has descubierto todavía.

Así que por eso les digo señores, antes de analizar tu propósito de vida o tu misión en la vida, es importante que vayas con la linterna llamada **claridad**, esta linterna te puede ayudar a mirar más allá, porque cuando estás conectado con la fuente de la Creación, con tu Creador.

Muchas personas piden bienes materiales, riquezas en sus oraciones, pero, una de nuestras oraciones debería ser dame claridad, por favor, para ser más agradecido con la vida, para entender que mi vida es un milagro, para entender que el éxito profesional depende de lo que estoy sembrando, depende de mi organización, de mi entrega, de mi dedicación, de cuántas horas estoy colocando en el en el trabajo, o sea, ¿qué calidad de trabajo estoy haciendo?

Pero para eso necesito tener claridad para evaluarme, claridad para anotar mis puntos fuertes y débiles, claridad para entender la importancia del equilibrio, de dormir las horas adecuadas, de alimentarme correctamente, de expresar amor.

Señores la claridad profesional es algo muy importante, muy valioso para nuestra vida, porque puede generar para ti o para tu familia un gran impacto, pero no te olvides, el equilibrio es muy importante.

La claridad es como tener una lupa todo el tiempo, para chequear, por ejemplo, ese mensaje de texto que vas a contestar, ¿te conviene contestarlo o no?

Claridad, porque si te va a meter en problemas, si va a confundir a otra persona, es preferible que no lo contestes, cámbialo. Señores, la claridad está en todo, está en tus finanzas, porque cuando nosotros estudiamos o buscamos consejos, o buscamos cualquier tipo de profesional, en definitiva, lo que estamos comprando es más **claridad,** es tener una perspectiva más clara de las decisiones que estamos tomando.

Así que espero que esta mentoría te haya servido, aquí toqué tres partes muy importantes para que antes de mirar tu propósito de vida analices la **claridad** que te acompaña en esas decisiones, para que el sentido común y la sensibilidad de buenas decisiones estén de tu lado porque la clave, señores, es que nadie se casa para divorciarse, nadie abre un negocio para quebrar, o sea nadie comienza un trabajo para darse de baja al otro día.

Todos comenzamos las cosas con buenos deseos, pero durante el proceso quizás nos faltó claridad.

Cada momento del año es importante, en función de ello te pido poner claridad en tu vida personal. Esa es la primera parte, entender que tu vida es un gran milagro y tiene que generar mucho amor hacia ti por el hecho de que eres un regalo hecho por el Creador.

Un verso muy apropiado a este capítulo es el siguiente:

"Sed pues prudentes como serpientes y sencillos como palomas" (Mat. 11:28).

Es muy importante entender eso, porque la serpiente tiene mucha claridad, pero aquí también dice la importancia de ser sencillo como palomas.

El segundo aspecto, muy importante, son tus afectos. Debes cultivar claridad en las relaciones de pareja, más besos, más abrazos, más amor. Es muy importante, estos aspectos. Y, para terminar, como recién les mencionaba, la claridad profesional, de la contribución que estás dando al mundo, o sea, la claridad de analizar, ¿estoy dando mi mejor Calidad, mi mejor calidad de trabajo, mi mejor entusiasmo en lo que estoy haciendo?

Espero sinceramente que la bendición del Creador de todas las cosas esté de tu lado, estoy seguro de que así será y de que tu vida pueda estar llena de **claridad**;

Quién sabe si un día nos podamos conocer y puedas decirme cómo esta mentoría pudo impactar tu vida.

Tarea:

¿En qué áreas de tu vida quieres tener más claridad?

6

ADMIRACIÓN

Es un honor y un gusto saludar a cada uno de los que están apartando un tiempo para leer esta nutrición o lo puedes llamar como a ti te parezca mejor; porque el contenido, el mensaje, las letras, las palabras que transmite tienen una fuerza muy poderosa. Con toda humildad les expreso que nada más soy un mensajero que viene a traer esa correspondencia. Tal vez tocaré algunos músculos, (aspectos emocionales, afectivos y o profesionales) y quiero que cada uno esté atento a cuál de estos estará despertando por medio de este mensaje.

Por eso, para mí es muy importante, ahora que nos podamos concentrar, colocar los cinturones de seguridad y, si es la primera vez que lees mis mensajes, humildemente te pido que siempre uses algo donde puedas escribir algún tópico, porque estas mentorías tienen mucha profundidad y pueden ser muy útiles en tu vida, en tu profesión, en tus negocios, en tu iglesia o dónde ejerzas cualquier actividad que te conecta a la felicidad.

Entrando directamente en materia, quiero hablar de otras claves de la vida. Mucho se habla de la dimensión de la sobrevivencia; trabajar, comer, pagar los servicios... Todo eso es muy importante porque es parte de nuestra vida en sociedad.

Hoy día vas al supermercado a comprar alimentos, pero hubo toda una cadena de personas que estuvo trabajando para hacer posible que las gandolas estén llenas, y cada uno va recibiendo sus ganancias porque lo han hecho con responsabilidad su trabajo.

La clave sobre lo que trataré en este capítulo está del otro lado, como la puerta trasera de la computadora; es una palabra una energía llamada:

La admiración

Mucha gente vive sin probar el músculo emocional, sentimental y espiritual de la admiración.

Por eso digo que ese tema es muy profundo.

El primer punto de la admiración es entender que nuestro nacimiento es una experiencia muy milagrosa, mucha gente a veces me dice ¿dónde están los milagros?

Siempre les repito, ¿dime una sola cosa aquí que no es un milagro?

La Tierra está girando alrededor del Sol, Si analizas los planetas, las galaxias, las estrellas; todos están trabajando, todos están de alguna manera operando, en armonía y orden esto es para mí muy importante porque mucha gente tiene conocimiento de esa información de manera teórica.

Yo respeto eso, pero quiero hoy abrirte la puerta, la cortina, para mostrarte la dimensión de **la admiración**.

Detente a mirar las nubes un segundo, tres segundos, mirar los árboles. Me gusta salir a caminar en las mañanas, yo estaba viendo mucha admiración, entré por esa puerta que me permite sentir admiración hacia las grandes obras de la creación.

A veces oigo gente hablar de mucha teología, muchos textos de memoria, pero no conectan con la Esencia de la **admiración,** con el espanto de entender que estás vivo y puedes admirar cada pedacito tu vida.

Cuando veo, por ejemplo: las invenciones del agua, del fuego, del viento y de la tierra. Otras creaciones como los mares, las montañas. Cuando vas a un zoológico y ves las diferentes criaturas o cuando miras muchos insectos en tu patio, quizás que para algunos sean molestos, pero si dejaran de existir el equilibrio de planeta estaría comprometido.

Todos cumplen una función en la ingeniería de la creación. Y tu **vida** es parte de esta ingeniería. Aquí hay elementos muy fuertes para activar el musculo de la Admiración.

En este momento quiero tocar brevemente contigo el músculo de la Admiración.

¿Cómo lo activamos?

Admirar la hermosura de tus hijos, tal vez otros dirán que está feíto lol, pero cada padre y madre ve a sus hijos de una manera única. Siempre le decía a la madre de mis hijos que ellos eran los más lindos del mundo, mi nieto es el más lindo del mundo.

Ella me decía ella: —Todos piensan lo mismo sobre sus hijos. Lol.

Por eso les digo, que **la admiración es un músculo.**

Mucha gente usa otros músculos como el de la envidia, sé que entre los lectores y lectoras de esta obra no hay ninguna persona que tiene ese sentimiento, pero sin dudas otros por ahí lo tienen y por eso es muy importante que nosotros podamos concentrar nuestra energía y atención para poder usar el músculo de la admiración en nuestra vida.

Admira a tu esposa, mírala, tómala de la mano y dile ¡qué hermosa estás! o ¡qué linda eres conmigo!, gracias por cuidar a mis hijos. Admiración de la dama cuando su marido llega; recibirle con un abrazo de admiración.

O sea, necesitamos tocar más la admiración, sentirla.

Es muy importante aflorar este sentimiento, este músculo, en nuestras vidas.

¿Por qué para mí es muy importante la admiración?

Tendría mucho más para agregar, pero nada más quiero despertar el músculo con ustedes para que así comencemos con mirar la admiración por.

Tus ojos, por poder caminar, por abrazar, por tantas cosas que podemos hacer y a veces no pasa desapercibido.

El día tiene veinticuatro horas, pero a veces colocamos tantas cosas en nuestras vidas que no queda tiempo para la **admiración**.

La admiración es remedio contra la depresión, contra la ansiedad, contra la tristeza. Si las personas tomaran dos o tres pastillas diarias de admiración no entrarían en depresión.

Me dirían: —Teixeira, pero el sufrimiento fue muy grande—.

Si es muy grande hay que buscar un profesional entonces, un psicólogo, alguien que le atienda, pero si no estás yendo al médico nada más tienes que darte cuenta de que eres un ser muy afortunado o una afortunada.

Mira la dimensión; es otra puerta, es otra cosa. De principio, no todo el mundo entenderá esta mentoría, porque sé que es profunda, pero a medida que me vayan entendiendo sentirán el sabor de la admiración como una base necesaria para vivir más feliz y en paz.

Veo que la humanidad ha perdido el contacto con esa admiración por el milagro de existir. En ese sentido, hay algunas preguntas que quiero hacer dentro de esa dimensión de la admiración.

¿La vida no está sucediendo como te gustaría?

¿Cómo te gustaría que fuera, si pudieras haber creado el mundo?

¿Qué cosas harías diferentes?

¿Harías una creación mejor que ésta que el Creador nos hizo?

He dedicado mucho tiempo meditando y analizando eso y me di cuenta de que:

El Creador realizo una creación espectacular.

Ejemplo: Como creo los dos ojos, la nariz de la manera que está armada, cada cosita que fue colocando en nosotros.

Es por eso que les digo con mucho cariño que esta mentoría es muy especial porque estamos tocando otras dimensiones y ésa que estoy tratando es la dimensión de **la admiración** que para mí es muy importante.

Muchas personas me preguntan: —Señor Teixeira, ¿cuáles son las otras dimensiones dentro de la admiración?

Hasta este punto me referí bastante a la parte de la dimensión de la creación, toda esa parte de gratitud a Dios, admiración por todo lo extraordinario que ha creado y como usar esos remedios para que pueda generar en nosotros plenitud, gozo, felicidad.

Porque yo veo muchos templos, y lo hablo con mucho cariño, porque un templo es un lugar maravilloso; crecen los niños con muchos valores cristianos, muchas veces lejos de las drogas, de problemas que por ahí afuera están fuertes, la iglesia es una protección, es un reducto.

Admiro las diferentes corrientes cristianas, pero muchas están enfocadas en la teología.

Para mí una reflexión importante es:

¿Cuánto amor se está produciendo en mi iglesia, grupo, equipo, familia?

¿Cuánto amor he producido en mi negocio de multinivel, de liderazgo, cuánto amor y admiración estoy produciendo?

Los resultados son consecuencias de plantar.

En la vida es opcional plantar, pero la cosecha es segura. Si no plantas nada, no habrá cosecha, pero si planto admiración por mis padres, mis hijos, mi profesión, mi trabajo, mi pareja, admiración por mi fidelidad, admirar mi fidelidad, mi devoción a mi pareja, admirar cada cosa que hago, pero a veces veo mucha gente gastando mucha energía en quejas, reclamaciones, excusas; está bien es una manera de plantar, yo respeto las diferentes maneras de plantar, pero si plantas mangos no puedes querer cosechar aguacates.

Si plantas aguacates, existe la posibilidad de cosechar aguacates, si plantas plátano, maíz, arroz, pero la gente a veces planta quejas, reclamación, indecisión y quiere cosechar del otro lado éxito, alegría y prosperidad. No, no está hecho así el planeta.

—Pero, señor Teixeira, ¿dónde me puede servir la admiración? —me preguntan.

La admiración despierta cuándo comienzas a entender que tu cuerpo no eres tú. Tienes que administrar ese cuerpo, tienes que administrar esa lengua. Por ejemplo, cuando vas a dar un elogio a una mujer casada tienes que hacerlo con gracia, técnicamente, para no confundir a esta persona. O sea, muchas veces es importante dominar ese arte y lo hacemos a través de la admiración. Como, por ejemplo, cuando admiramos a nuestro pastor o a nuestros líderes.

Entonces la reflexión que estoy transmitiendo es que comiencen por Jerusalén, o sea por casa. Primero debo admirar mi vida, admirar a Eduardo Teixeira; mis dones, mis talentos, todo lo que el Creador me ha dado.

No importa el problema que estés pasando, has recibido mucho desde que has nacido.

En primer lugar, no te abortaron, te pudieron haber abortado, o ese día de los cuarenta millones pudiste haber quedado en tercero o en segundo lugar y no estarías leyendo esta mentoría. ahorita.

Es como que hayas comprado un boleto premiado entre cuarenta millones de probabilidades y el tuyo salió premiado. O sea, que eres un millonario en potencial, nada más hay que estar admirado por ser quién eres.

También está bien si materialmente te va bien, excelente; pero para mí hoy estoy hablando de la otra puerta, de la otra dimensión. De que esta vida tiene cosas duras, sí; pero también tiene momentos espectaculares.

Cuando encuentras a tus hijos, nietos, a tu pareja, a tus padres los abrazas. Si se trata de un niño o niña que está en un orfanato mueve todo su afecto hacia las maestras que le dan apoyo.

Donde quiera que vayas en este mundo la admiración viene del amor. Lo fundamental en este capítulo es recomendarles que abracen ese músculo, ejercítenlo, porque a veces somos muy buenos para hablar de muchos temas, pero nos olvidamos de **admirar**.

113

Aprovecho para anunciar el final de este capítulo expresando que el gran objetivo de esta mentoría es proporcionarte una herramienta práctica para que puedas usar el músculo de la admiración en tu despertar

Cuando contesto las preguntas:

¿Por qué la vida no está sucediendo como yo quiero?

La respuesta probablemente sea porque capaz no estoy plantando lo que realmente quiero, perdí la admiración por mi vida.

¿Te gustaría cambiar algo en la creación? Yo siempre que miro eso digo

¿Cómo El Creador pudo haber hecho un planeta tan extraordinario?

Y como conclusión final:

¿Harías una creación mejor que esa?

Siempre digo que no.

Por eso me gusta tanto el musculo de la admiración pues me permite aprender a admirar cada aspecto de mi vida y de los míos. Y desde este despertar partir de ahora en adelante la siguiente reflexión: **admirar la vida que he recibido**.

Espero realmente que esta mentoría haya traído luz a algunas áreas de tu vida y que a partir de ahora comiences a usar esas pastillas gratis de la admiración, porque haber venido aquí es un espectáculo y es cierto que hay otra vida que va a venir, que nos han hablado en las escrituras, pero yo digo si te trajeron aquí ahora aprovecha al máximo con la admiración la vida que has recibido.

Verás que todas esas causas de tristeza y desanimo quedarán muy alejadas de ti porque no hay espacio para ellas. El espacio está ocupado por lo grandioso que es estar aquí y la grande admiración que tenemos con nuestro Creador, con nuestra existencia, con nuestros afectos y nuestros proyectos.

Así que hoy agrega más Admiración en tu vida y veras grandes y maravillosos resultados.

Tarea:

¿Haz una breve lista de lo que más admiras de tu vida?

7
CONMEMORACIONES

El contenido de este capítulo tiene el gran objetivo de poder mirar nuestra vida como el gran regalo que hemos recibido de nuestro Creador, con un enfoque desde otros ángulos, que permita abastecer el tanque de un combustible sano que nos genere ideas, más afecto, más cariño y muchas otras características.

Por eso el tema de este seguimiento es muy diferente.

No me extrañaría que sea la primera vez que vas a leerlo, por eso quiero ser bastante objetivo, como siempre digo, aquellos que están acostumbrados a acompañar mis reflexiones, me gusta poner el cinturón de seguridad como cuando vamos a manejar, entonces tenemos que hacer ciertas cosas para absorber esta lectura como un alimento nutritivo para nuestra vida.

Quiero tocar hoy un tema maravilloso, el cual es una herramienta que ayuda a líderes, pastores, emprendedores, hombres de negocio, empresarios de diferentes ramas, deportistas; es algo que vengo desarrollando hace mucho tiempo.

En mi experiencia de más de veinticinco años mentorando tengo más de sesenta mil personas que han pasado por diferentes mentorías.

Algunas fueron charlas, otras fueron mentorías personalizadas, clases, así que en la herramienta que quiero enfocarme hoy puede ser para algunas personas un antes y un después sobre la posibilidad de poder organizar tu energía, tu fuerza, tu entusiasmo, tu productividad en diferentes actividades.

Las separé en varias partes. En ese sentido, desarrollaré algunas ideas sobre la importancia de la **Conmemoración**.

La relevancia de aprender a conmemorar lo que nos ocurre en la vida diaria.

Existen muchos motivos para conmemorar. Algunos me dirán que hay recesión, luchas, problemas, situaciones calamitosas, lo que pasa en las escuelas de Estados Unidos, las balaceras, ¡tantos problemas que hay en el mundo!

Es cierto que hay problemas en el mundo, pero nosotros también tenemos que ver las cosas extraordinarias y maravillosas que están pasando.

Por ejemplo, la primera gran conmemoración que los seres humanos pasamos es la concepción, cuando tú papá y tu mamá hicieron el amor y esas dos semillitas se cruzaron, esa semillita entró en el óvulo y hubo la concepción donde tú pasaste a ser un ser humano en estado de embrión, luego fuiste feto, hasta que naciste hecho ser. Muchas personas se emocionan, conmemoran el hecho de que van a ser padres, pero durante los nueve meses hay muchos cuidados en ese proceso, hasta que viene la segunda conmemoración que es el nacimiento.

Por supuesto, está el nacimiento físico y el nacimiento espiritual, nacimiento académico, nacimiento profesional, nacimiento amoroso etc. Hay muchos nacimientos y es de vital importancia aprender a Conmemorar cada uno de ellos con su debida importancia. Por eso siempre motivo a todas las personas con relación a su cumpleaños, porque cuando estás conmemorando tu cumpleaños, es como agradecer a tu Creador por el día de tu nacimiento.

Si analizas ahora que estás leyendo estás líneas, tu hígado está trabajando solito, tus pulmones están trabajando solitos, tu sistema auditivo está trabajando solito, tu páncreas, tu vejiga; y podría nombrar todo el cuerpo, muchas áreas de tu cuerpo están funcionando solas.

Si nos cobraran renta por los ojos, por el pelo o por cualquiera de las partes de nuestro cuerpo tendríamos que pagar porque cómo quedaríamos sin voz, sin los ojos o sin el pulmón. Desde luego, cuando digo que la vida es un regalo me refiero a que te regalaron los dedos de las manos, de los pies, te regalaron los ojos, la nariz, viniste completo a este planeta, eres un ser humano, entonces no dudes en conmemorar el día de tu nacimiento. Mi cumpleaños es algo muy importante para mí, siempre es un día de mucha reflexión y gratitud por haber venido a este planeta.

Conmemorar tus dones

Ya que conmemoraste tú nacimiento, tú regalo que el Creador te dio, que incluye tu cuerpo y tu mente, también debes celebrar todos los dones que tienes.

Siempre me gusta ver las habilidades que el Creador me ha dado y cómo las puedo seguir desarrollando. Esa es una parte importante de esta reflexión; es preponderante aprender a conmemorar las cosas que hemos recibido. Cuando eres bebé no te acuerdas de lo que hicieron personas empeñadas en cuidarte. En este momento entra en escena la:

Conmemoración de tus afectos

hacia las personas que ocupan un lugar importante en tu existencia, como tus padres, tus abuelos, tus hermanos, luego vienen tus hijos, tus amistades, tus compañeros de proyectos de trabajo. O sea, la lista es grande porque en ella entran los hermanos de tu iglesia; en fin, conmemorar tus afectos es de vital importancia pues muchos de ellos un día no estarán entre nosotros, por lo tanto, conmemora hoy si posible todos estos seres maravillosos que hacen parte de tu vida.

Conmemorar tu afecto hacia tu Creador, hacia tu pareja, si tienes una pareja, si tienes una novia, si estás comprometido, si ya estás casado. Es muy importante el aniversario de bodas, por ello debes hacer algo especial, llevar a tu compañero o compañera a un lugar diferente, a otra ciudad, a un hotel más caro para conmemorar ese aniversario, salir juntos a cenar a un lugar bonito, a almorzar.

Debemos entender que recibimos una vida extraordinaria, una oportunidad que tiene fecha de vencimiento, que un día va a terminar en este planeta.

Después hay varias posibilidades, pero en este planeta tenemos un día de nacimiento y otro que será nuestro último día.

Entonces aprende a **conmemorar**, a saborear tus afectos, aprende a valorizarlos.

Siempre que hablo con mi mamá o con mi papá, que están en Brasil, les digo lo agradecido que estoy porque han sido padres extraordinarios. Claro que nuestros padres han cometido errores, ellos tienen veinte o treinta años más que nosotros, son seres humanos que procuraron siempre ser lo mejor y hay algunos que no supieron cómo manejar alguna situación, porque nadie entra a la escuela para ser padre o madre, nadie entra a la escuela para aprender a ser hijo, nosotros aprendimos a través de la práctica del amor, por eso es muy importante conmemorar. Cuando tengo una conversación con mis hijos y me cuentan algo importante para ellos, eso se convierte en motivo de celebración. Mi hijo el otro día me contó una noticia muy buena que le pasó, y yo dije, mañana vamos a ir a conmemorar a un restaurante especial.

Tenemos que organizar nuestra vida, dedicar tiempo a **conmemorar** las bendiciones que tenemos, las alegrías que tenemos. Es muy importante está reflexión porque veo mucha gente que tiene logros, pero no lo conmemoran pues ya quieren otro logro más grande y otro más grande... No hay problema en que tengas metas elevadas, proyectos elevados, todo eso está bien, porque somos hijos del Creador de todas las cosas, pero me parece que cada pedazo del camino, cada parte de este viaje llamado vida es necesario Conmemorar.

Es muy importante agregar una conmemoración, que puede ser sencilla. Aquí no estoy diciendo que tienes que ir a un lugar extravagante.

La conmemoración puede ser mientras manejas hacia tu trabajo, puede ser un desayuno, una flor, un ramo de rosas, una tarjetita, un mensaje de WhatsApp, una llamada telefónica, una grabación cariñosa, etc.

Aprendamos a conmemorar nuestros afectos porque no sabemos cuánto viviremos para darlos y recibirlos, por eso a todas las personas que estoy mentorando siempre las ayudo a revisar si están conmemorando los grandes logros de su vida.

Algunos me dirán: "seguro Teixeira", pero ¿para qué sirve está información?

¿Por qué sería importante conmemorar estas cosas?

Porque en el momento que **conmemoras** generas muchas endorfinas, dopamina; es decir, tu sistema queda dulce, la gratitud la comienzas a esparcirse en tu ser, te conectas y blindas contra los ataques de las indiferencias, estás protegido contra la depresión, la ansiedad, la tristeza y la miseria.

Por ejemplo, converso con mucha gente que mentoreo y relacionan la depresión con que la vida no está pasando como quieren o una persona no está haciendo lo que tú quieres, un grupo de personas no está haciendo lo que tú quieres... Siempre digo:

"Hay cosas en este mundo que no podemos controlar".

No puedo controlar si va a llover o si va a hacer sol, no puedo controlar la guerra de Ucrania, nadie me preguntó nada sobre eso, no puedo controlar la inflación. No tenemos cómo controlar ciertas coyunturas, pero frente a ellas tenemos que adaptarnos, en función de los aspectos que controlamos, que es nuestra alegría y entusiasmo.

Necesito tener esta felicidad

Es esencial conmemorar el hecho de haber nacido, el hecho de que estoy acá. Muchos me dicen "Teixeira, pero debemos tener grandes metas y grandes logros". ¡Claro que sí! No hay problema con eso, cada persona es libre para poder hacer esas cosas, pero necesitamos nosotros en primer lugar conmemorar las cosas pequeñas que nos pasan cada día; la graduación de un hijo que no es algo pequeño, es algo grande, porque quiero entrar con ustedes en el cuarto y último elemento, que conmemorar nuestros proyectos, logros y realizaciones.

Hay áreas que sí controlas. Controlas dónde colocar tu energía, sobre cuáles temas vas a hablar, por ejemplo. Siempre separo los temas más incómodos; esos tienen un horario separado. No suelo analizar los temas incómodos en la noche para no dormir con preocupaciones que hagan de la noche un tormento. Siempre dejo para organizar una parte del día, pero también tengo una parte del día cuando me levanto temprano, que es el momento de **conmemorar.**

Es ese exquisito momento cuando me digo "Teixeira, despertaste un día más.

Agradece a tu Creador, agradece que estás con vida, agradece por ese entusiasmo, por esa fuerza de poder llevar a esa sabiduría humildemente a muchos líderes y a muchas personas".

Me encanta poder transmitir la importancia de conmemorar tu profesión, si eres médico, abogado, si eres un motivador, un pastor, un líder, un líder de multinivel... Si creciste en tu rango, conmemora más, porque la **conmemoración es** como la gasolina que enciende el motor de tu excelencia.

Puedes ver cuando una persona que trabaja en ventas hace una buena venta, la visita siguiente es empoderada. Tienes que conmemorar el logro cuando un día te salió un lindo sermón, una linda charla, cuando pudiste dar una mentoría que agregó valor a la vida de una persona.

¡Conmemora! La idea es que podamos entender que nuestra vida es un regalo y, por donde la mires, hay motivos para agradecer. Si me sentara contigo hoy pudiera hacer una lista, podríamos agradecer, comenzamos por tu cuerpo. ¿Cuándo fue la última vez que agradeciste a tu Creador por tus manos, dedos, ojos, por la sabiduría que has adquirido, por la educación que pudiste adquirir, por todas las bendiciones que para cada persona son diferentes?

Entonces analizar con ustedes esos cuatro aspectos de la conmemoración es motivo de mucha alegría.

En resumen, les propongo conmemorar la concepción (el día cuando la madre quedó embarazada), conmemorar el nacimiento porque es la oportunidad que te dio el Creador de venir a este mundo, de poder disfrutar de este planeta donde podemos respirar, caminar, correr, abrazar, besar y hacer cosas tan lindas como amar a nuestros seres queridos, a nuestra pareja y a nuestros hijos.

También incluí conmemorar nuestros afectos hacia todas esas personas lindas que llegan y permanecen en nuestra vida, que podemos agarrar el teléfono y llamarlas. Debemos agradecer porque esas personas están en nuestra vida. Por supuesto, también nuestros proyectos, hobbies, trabajo, negocio, iglesia. Todos esos motivos están dentro de los proyectos porque son variados. No dejes de conmemorar cada logro que tengas; si reclutaste una persona nueva, lograste una promoción, tu negocio está creciendo...

Conmemora a tu manera

sin cosas que puedan perjudicar tu salud, pero es muy importante que entendamos que nuestra vida es una música, es una orquesta donde estamos haciendo movimientos y cada movimiento trae la felicidad.

La semilla que está y las cosas desagradables que nos sucedan, las cuales no podemos controlar, no podemos controlar lo que el otro va a decir, no podemos controlar el amor del otro, pero puedes controlar el tuyo. Puedes entregar tu amor de manera desinteresada sin esperar nada a cambio.

Celebra ese corazón lindo que tienes, esa inteligencia que el Creador te dio, conmemora todos esos dones. Es la ahora que aprender a conmemorar verás qué tu vida comenzará a ser diferente cuando comiences realmente a colocar en práctica esa enseñanza.

Sentirás que estarás con tu tranque lleno porque el Creador te trajo acá para que disfrutes este planeta y todas las cosas que te ocurran en él. Es como una forma de entrenarnos. Puedes ver que en muchas plantaciones viene el viento que parece que va a tumbar cada árbol, pero su fuerza lo que hace es fortalecer la raíz.

Se debe conmemorar también cuando podemos vencer ciertas situaciones de nuestra vida.

Cuando conseguimos dejar aquella relación tóxica tenemos que conmemorar también.

Debemos conmemorar diferentes cosas en nuestra existencia, por ejemplo, la persona que eligió estar a nuestro lado. Sé que el tema se puede extrapolar a diversas situaciones porque es muy amplio, pero deseo plantar en esta oportunidad una semilla en tu ser para que comiences a darte cuenta de la vida extraordinaria que tienes. Quizás estás queriendo imitar a otra persona; pero te digo "por favor no lo hagas". Saca lo mejor, si puedes, de esas personas, pero tu esencia, la misma que el Creador te dio, en ella está todo el proceso. Imagina si no hubieras venido,

¿Qué hubiera perdido el mundo si no hubieras nacido?

No puedo dejar pasar la oportunidad de expresar mi gratitud por atender al llamado, que siempre estén aprendiendo y creciendo.

Es una razón que hace renacer en mí la esperanza humilde de haber tocado un músculo; el músculo de la **conmemoración,** para que puedas cada día, poco a poco, colocarla en tu vida.

Cuánto me gustaría que un día compartas conmigo el resultado de tus vivencias, porque estoy seguro que de alguna manera estas líneas pueden y van a impactar tú vida y todo lo que tiene que ver con entusiasmo, gozo, alegría, éxtasis. Todo ocurrirá porque estaremos reconociendo los regalos que nuestro Creador nos ha regalado.

No imaginan lo inmenso que es poder estar conectados en esta línea de pensamiento. Desde luego, por ello doy muchas gracias, y deseo que tu vida sea una gran **conmemoración** de victorias, de amores, de proyectos y regocijos por haber venido a este planeta. Deseo un fuerte abrazo. En los créditos del libro dejaré mi email para que pueden contactarme cuando necesites.

Estoy apoyando a muchas personas y grupos. Viajo a muchos lugares porque mi idea siempre es poder esparcir todo ese milagro que el Creador ha hecho en nuestras vidas y poder **conmemorar** todas y cada una de sus bendiciones.

Recibe estas palabras como si fueran un fuerte abrazo. Continúa la lectura del próximo capítulo y espero un día conocerte en persona para poder compartir toda esa sabiduría que viene de lo alto.

Tarea:

Haga una lista de las razones que tienes hoy para conmemorar en tu vida.

_____
_____
_____
_____
_____
_____
_____
_____
_____
_____
_____
_____
_____
_____
_____
_____
_____
_____
_____
_____
_____

8
¿CUÁL ES EL PRÓXIMO PASO?

Es un gusto y un honor compartir con ustedes las enseñanzas de este capítulo. Deseo dar un fuerte abrazo a cada líder, cada dama o varón que lee esta información. Lo que sigue a continuación es comida fuerte. ¿Pero, comida fuerte para quién señor Teixeira? Comida fuerte para aquellos que tienen el vaso abierto para ser llenado: A veces muchas personas que tienen años en el ministerio, en cualquier actividad, y tienen mucha experiencia, mucha sabiduría, entonces el vaso puede estar demasiado lleno y no hay espacio para seguir creciendo. Sé que no es el caso de ninguno de los lectores de esta obra, pero a veces conocemos personas que pudieran estar en ese tipo de situaciones. Por eso digo, no sé cuál es el grupo donde te calificas; a lo mejor eres un lector con actitud de periodista que quiere indagar lo que hay.

Si tu viniste a estas páginas como espectador, adorador, motivador, pastor, obispo, como sea; como un empresario, un empleado o nada más como alguien que quiere buscar un material espiritual o motivacional para su vida.

Te digo que hoy es un día especial. Agarra tu agenda o tu calendario porque si estás buscando una información que puede causar algún impacto en tu vida, este es el libro adecuado donde encontrarás la mejor orientación en este momento. No obstante, necesitas prepararte, respirar profundo, concentrarte y poner atención; pero no al mensajero, porque soy humano como cualquier persona, sino al mensaje que sigue a continuación porque es muy importante.

Hoy comparto con ustedes una herramienta muy poderosa que puede impactar tu vida en relación con tu Creador, en relación con tu matrimonio, a tu soltería, a tu profesión, a tu vida espiritual, a tu vida financiera, a tu vida amorosa, la relación con tus hijos, con tus padres, con tus primos, hermanos, con tus amigos, con tus ovejas, con tus líderes…

Así que la herramienta que voy a transmitir hoy es muy poderosa.

Puede ser un puente directo hacia tus sueños, estar más cerca de ellos o a lo mejor ya estás viviendo tu sueño y ahora necesitas equilibrar tus acciones. Por eso les digo que a veces el dinero en grandes cantidades tiene que ser bien administrado para ser compartido y producir más. El dinero en escasez puede producir muchos problemas; entonces la información que te voy a brindar aquí hoy te va a ayudar en varias áreas de tu vida, por eso te digo no sé por qué canal puedo serte útil en este momento, pero mi tarea consiste en colocar esta herramienta sobre la mesa de cada uno que la busca.

Cuando puedes tener acceso a tus talentos, a tus dones y puedes utilizarlos, cuando aprendes que tanto la depresión, la angustia, la ansiedad son diferentes nombres para decir una sola cosa:

Tu mente no está recibiendo instrucciones de ti.

Porque la verdad el Creador nos dio el mayor regalo que es nuestra vida, nos dio talentos, nos dio la oportunidad de venir a este planeta, incluso estar leyendo las páginas de este libro.

¿Por qué estamos siempre entrenando gente? ¿Por qué estamos siempre motivando gente?

Para que aprendamos a utilizar el regalo, para que aprendamos a amar el regalo, para que aprendamos a disfrutar el regalo, porque para mucha gente su vida es una tortura, cada vez que hablan es para quejarse por todo.

Sé que entre mis lectores y lectoras no hay quien se comporte de esa manera, pero capaz que conoces por ahí a una persona que vive ese estado de ánimo. Ahorita yo me voy a enfocar en este grupo de personas que estamos permanentemente buscando la manera de disfrutar el regalo y ayudar a la gente que tiene esa actitud como nosotros. "¡Ah!, señor Teixeira, pero a veces hay problemas, traiciones, engaños, tantas cosas difíciles en este mundo". Te digo todo eso es muy cierto, pero todo depende de cómo vamos a manejar la herramienta que compartiré a partir de ahora, y quiero hacer diferentes aplicaciones, porque en el momento que tus apliques esa herramienta sencilla, pero que te ayudará a preparar el GPS para entender que la vida no debe ser una tortura, "la vida es un regalo".

La vida es un regalo por dónde lo mires, incluso en los momentos difíciles.

Si analizas, estamos siempre del lado del lucro; nacimos desnudos y un día volveremos a estar de esa manera, pero mira en el medio del camino todas las bendiciones que hemos tenido en este tiempo.

Cuando naciste alguien te cuido, tu abuelo, tu mamá, tu papá, un hermano, un tío o fuiste adoptado. Un orfanato que haya sido, pero hubo personas que te cuidaron cuando eras un pequeñín inconsciente. Te cambiaron los pañales, te dieron de comer; independientemente de si fueron amorosos o no, por lo menos no te abortaron.

Entonces tortura y regalo es la contradicción de la humanidad. Tal vez estés con ganas de preguntar: "Señor Teixeira, pero ¿cómo podemos encontrar hoy el puente que usted dice, esa herramienta?" Y la herramienta es una pregunta, una pregunta que nos puede ayudar en todas las áreas de nuestra vida. El Creador nos dio tanta sabiduría, nada más necesitamos organizarla porque el consentimiento de Él ya lo tenemos.

Él creó este mundo forma increíble, cada vez que veo un gato —me gustan mucho los gatos—, quedo impresionado de su tecnología.

No tengo que conectarlo en la toma de corriente, no necesito cambiarle el chip, batería, nada. Al gato nada más le doy de comer y le recojo su pupú y todo va bien. El gatito va creciendo y tiene su propria personalidad.

Analizando el tema de la tortura y del regalo que es para nosotros la manera de leer nuestra vida, procederé a plantear la gran herramienta. No hay una respuesta, no esperen una respuesta porque la herramienta es una pregunta, porque para cada persona esta respuesta va a ser diferente, debido a que al Creador se le ocurrió crear seres diferentes.

A veces queremos que las personas sean iguales. Veo personas que son solteras, el club de los solteros, dónde la gente comenta yo quiero un hombre que sea fiel y comentan una lista de cosas que están bien, pero quieren algo exactamente como lo sueñan sin entender que la otra persona tendrá características diferentes muchas veces.

Aquí y ahora vamos a usar nuestro sentido común en relación con nuestra vida, matrimonio, estudios, profesión, empleo, en relación con todas las relaciones que he dicho. Existe una pregunta muy importante que quiero que la hagas hoy en cualquier área de tu vida:

Y la pregunta Es:

¿Cuál es el siguiente paso?

Esa es la herramienta; es una pregunta.

¿Cuál es, Eduardo Teixeira, el siguiente paso? ¿Cuál es el próximo paso en relación con tu matrimonio?

Hay matrimonios que caen como en automático, de vez en cuando sucede un accidente amoroso en la pareja, y se quedó en automático. Hay otros matrimonios que ya perdieron ese contacto, hay otros matrimonios que luchan por el equilibrio, por mantener vivo el amor, mantener la pasión que es parte de nuestra vida.

Pregunto, como marido, ¿cuál es el próximo paso para ser un marido más cariñoso, afectuoso y compañero?

Ahora cambio para las damas, si es que eres casada, porque los solteros cada uno tiene su visión, pero la mujer casada, por ejemplo, para ser una mejor esposa. **¿Cuál es el siguiente paso?**

¿Cuál es el próximo paso para ser más cariñosa, más compañera, más amorosa?

Ese próximo paso consiste en hacer una lista de las cosas que te gustan, las cosas que le gustan a tu pareja, Aquí quiero aplicar, aunque el tiempo que tengas sea reducido, debes expandirlo porque para cada persona la utilización de esa herramienta es diferente. Te va a dar otras respuestas, pero es un puente a tus sueños.

Por ejemplo, el día de hoy ¿cuál es el próximo paso que debes que dar para estar más cerca de tus sueños?

¿Cuál es el próximo paso para tu realizar aquel proyecto?

No importa el proyecto en que estés hoy, pregúntate

¿Cuál es el próximo paso que deberías dar hoy?

Y vas a ver que te llevara a un lugar tranquilo o a un lugar donde puedas respirar en calma y hacerte solito esta pregunta.

Aplica esta pregunta a diferentes áreas de tu vida.

En tu empleo, ¿Por qué hay gente que odia el día lunes?

¡El problema no es el lunes! El problema es el trabajo que elegiste.

Seguramente ahí no está tu vocación, tienes que revisarla porque si te andas quejando no estás en el lugar correcto; por eso para mí es importante, si no estoy en el lugar correcto, saber ¿cuál es el próximo paso?

Y si me dices: "¡Ah! Pero tengo que pagar servicios". Entonces no salgas de tu trabajo, sé prudente, equilibrado, haz una lista, busca ahora descubrir tu vocación para dar un paso seguro sin desatender tus compromisos. Pero señores es una herramienta poderosa pregúntese en cualquier área de su vida.

Hoy día tómate 5 o 10 minutos, agarra un cuaderno, o si te gusta lo digital una página Word, y comienza a escribir en el amor, en tu trabajo, en tu proyecto, en tu ministerio...

¿Cuál es el próximo paso?

Si ahorita estás soltero y quieres una relación la pregunta es:

¿Cuál es el próximo paso?

Tienes que comenzar a ver cuál es el perfil de la persona que estas buscando.

Si quieres hacer otra carrera, busca encontrar la manera de descubrir ¿cuál es el siguiente paso?...

A ver, ¿cuál universidad quiero?, ¿qué curso quiero? De pronto, te vienen a la mente las dificultades.

"¡Ah! Pero no tengo dinero". ¿Cuál es el siguiente paso? ¿Dónde vas a conseguir el dinero?

Señores, la vida es una oportunidad muy breve, la vida es una experiencia breve, necesitas hoy preguntarte en tu vida con amor, con tranquilidad, con armonía, con paz, con mucho cariño hacia ti, pero pregúntate:

¿Cuál es el próximo paso en tu vida?

¿Vas a abrir un ministerio?, ¿cuál es el próximo paso?

¿Vas a abrir una escuela?, ¿cuál es el próximo paso?

¿Quieres comenzar tu propio negocio?, ¿cuál es el próximo paso?

¿Quieres escribir un Libro, ¿cuál es el próximo paso?

El Creador nos ha dado algo maravilloso llamado libertad, claro con responsabilidad. Tenemos que entender también la madurez que necesitamos para eso; pero en relación con la espiritualidad, ¿cómo está?, ¿está automática?, ¿está llena de quejas?, ¿está como comida recalentada?

¿Está fresquita, como una rica ensalada?

Si eres vegetariano, ¿con aroma de fruta fresca?

He escrito estas líneas con mucho cariño para cada uno de ustedes, mi gran objetivo es revolucionar nuestro crecimiento personal en las diferentes áreas de nuestra vida.

Buscando el equilibrio; nada en demasía, todo con equilibrio.

Es el mensaje que el Creador nos da.

Existe un otoño, una primavera, un invierno y un verano; existen cuatro estaciones.

Él no hizo una estación sola y a veces nosotros queremos que en nuestra vida todo sea de una manera.

La vida humana en este planeta no es exactamente cómo quieres, porque no puedes controlar las decisiones de los demás, no puedes controlar lo que pasa afuera de ti. Pero ahora, te digo otra cosa maravillosa Tengo una noticia buena para ti, lo que pasa dentro de ti es completamente tu decisión.

Para mí, la gran reflexión que deseo transmitir en forma de herramienta no tiene derechos de autor, se me ocurrió trabajarla de esta manera porque a me gusta inventar mis mentorías basándome en casos prácticos que puedan sorprender nuestra mente, nuestra creatividad.

¿Cuál es el próximo paso?

¡Parece simple! ¡Parece obvio! Pero la mayoría de la gente tiene esa pregunta muy lejos, de sus reflexiones diarias.

¿Cuál es el próximo paso?

Yo tengo esta pregunta siempre cerca de mi pues funciona como si fuera una especie de despertador, porque así estoy siempre enriqueciendo mis análisis luego puedo tomar mejores e iluminadas decisiones.

Espero que pueda ser para ti poderosa esta herramienta y te desafío para comenzar a ver la vida desde la perspectiva del próximo paso.

¿Cuál es el próximo paso en tu relación con tu Vida personal, afectiva, material, con tu matrimonio, con tu noviazgo?

¿Con tus metas, tus proyectos, tus relaciones de pareja, de familia, con tus hijos? ¿Cómo puedo ser un padre más amoroso? ¿Cuál es el próximo paso? ¿Lo voy a llamar? ¿Voy a tomar la iniciativa?

Así que espero que entiendas que la felicidad es sencilla, lo complicado son los humanos porque la mente es un mecanismo muy fuerte y tiene tanto poder que a veces se enreda dentro de ella misma, por eso aparece tanta gente con depresión y tantos problemas.

Con mucho cariño quise compartir con ustedes esta mentoría, espero que haya sido útil en tu vida, espero realmente que el Creador te llene de bendiciones y prosperidad en todas las áreas de tu vida. Finalizo este capítulo, campeón, campeona, con la pregunta que debe regir tus acciones de ahora en adelante:

¿Cuál es el siguiente paso en tu vida?

Tarea:

Haz una lista de cuál es el siguiente paso en tu vida: personal, espiritual, afectiva, profesional, material...

Agrega con libertad algunas otras áreas que te parezcan importantes.

9

DECISIONES

Mis queridos y queridas que están aquí para leer esta reflexión. Les saluda Eduardo Teixeira desde Texas, humildemente aportando algún granito o algunos granitos para nuestra siembra de sabiduría de cada día.

El tópico que elegí para que podamos profundizar en esta oportunidad es algo que está en nuestras vidas todos los días; algunos días de manera directa y otros de forma indirecta.

Es de algún modo la clave para logros, para crecimiento, para evolución. Yo diría que es un puente, existen muchos puentes, y éste es uno que hace la diferencia en la vida de las personas y hoy día lo expongo para que nosotros podamos disecar y organizar esta reflexión tan bonita que está basada en una palabra que representa mucho en nuestras vidas.

Por eso, te invito a poner el cinturón de seguridad para que podamos juntos emprender esos pocos minutos con nuestra mente, nuestro corazón, nuestros oídos y podernos nutrir de esta información.

La palabra que elegí es la palabra "decisión". ¡Qué palabra tan espectacular! Fui al diccionario para adentrarme en su significado, disecarla; aquí está su definición: "Determinación definitiva adoptada en un asunto, por ejemplo, hay que tomar una decisión definitiva antes de que él llegue" (es el ejemplo del diccionario). Otra definición de la palabra decisión: "Firmeza, seguridad o determinación con que se hace una actividad o cosa"; Y aquí viene una frase para ejemplificar:

"Para ser un empresario con futuro es necesario tener *decisión* y ser muy emprendedor".

Me preguntarán: ¿Por qué, señor Teixeira, usted ha elegido esa palabra?

Ya nos enteraremos de esta decisión. Lo primero que puntualizaré es que separo en tres grupos las decisiones:

- el primer grupo es ninguna decisión
- el segundo grupo son buenas decisiones
- el tercer grupo son malas decisiones

Me gusta hacer esta reflexión para poder entender, y eso nos va a permitir de alguna manera mirar nuestras decisiones futuras y pasadas desde otra perspectiva, porque muchas personas por una decisión que tomaron hacen diez o quince años siguen todavía torturándose en el día de hoy.

Sé que este no es el caso de quienes están leyendo esta reflexión, pero es probable que alguno de ustedes conozca a alguien que esté pasando por un momento de contradicción interior debido a haber tomado una mala decisión.

Veamos el ejemplo cuando fuiste creado, cuando tu padre y tu madre se unieron, cuando esas dos personas se amaron y tuvieron aquel momento de intimidad, esa semilla fue plantada en el útero, en el vientre materno y ahí no hubo ninguna decisión de tu parte, la decisión fue tomada por el Creador, al crear la vida. Tu papá y tu mamá usaron de su prerrogativa reproductiva y a través de ese proceso estás aquí; entonces hubo una decisión de tus padres, pero en tu caso no hubo ninguna decisión, no controlaste este proceso.

Existen muchas cosas que ocurren en nuestra vida que no pasan por nuestras decisiones, por ejemplo, yo no elegí ser brasileño, estoy muy contento con mi cultura, con mi País, pero yo no elegí, no hubo decisión de mi parte en eso.

No decidí colocarme el nombre de Eduardo, estoy muy contento con mi nombre, pero no tomé esa decisión. Quiero que comiences a analizar en la primera parte de esta reflexión que existen muchas decisiones en las que no has participado. Por eso muchas veces no debemos sufrir por ciertas decisiones sobre las que nosotros no tenemos control.

Por ejemplo, me gustaría tener un metro más de altura, estoy muy feliz como estoy, pero no fue mi decisión este proceso y estoy muy agradecido con mi Creador y mis padres porque no abortaron, porque me cuidaron, me amaron en esos años cuando no tomaba decisiones.

Entonces, aquí quiero dejar bien claro que hay una parte de tu vida donde prácticamente no tomaste decisiones, y si tomaste alguna, fue inconsciente porque eras muy pequeño y tu raciocinio no te permitía discernir muchas de ellas.

Entonces, el primer bloque que he denominado "ninguna decisión" se refiere a situaciones en las que la decisión no partió de ti.

Esto es importante para que respires hondo y sueltes el aire, pensando que hay mucho peso que a veces acumulamos en nuestras vidas por cosas en las que no tuvimos que ver en esa decisión.

En el segundo bloque, ahora comenzamos con la segunda parte. Aquí vienen las buenas decisiones.

Desde pequeños, nosotros somos confrontados a tomar decisiones. Cuando vamos a la escuela, nuestros padres nos orientan para que tomemos la decisión de estudiar, pero existen pequeñas decisiones que nosotros tomamos durante este período de la infancia, cuando a veces, los padres permiten que elijas un regalo, que digas lo que te gustaría ganar en tu cumpleaños. Son decisiones que vas tomando desde pequeño en tu vida. Algunas decisiones son buenas y otras no tanto.

Por ejemplo, una vez mi madre me dijo que no fuera a bañarme en un río que había cerca de nuestra casa, y mis amigos me invitaron. Tomé una mala decisión porque ahí me salieron unas manchitas y después tuve que ir al médico, aunque todo salió bien, pero me ocurrió porque tomé una mala decisión de no obedecer a mi madre en este aspecto.

Sólo para ilustrar que a partir de allí comenzamos a ver las decisiones en nuestra vida como un músculo.

Tú decides, ahora que eres adulto, la ropa que vistes, decides muchas cosas, pero durante la vida fuimos aprendiendo a usar ese músculo.

Si tuviste un padre muy controlador o una madre muy controladora, o un padre no presente y una madre ausente, lo que quiero decirte es que todo eso, de alguna manera, trabajó tu músculo.

Algunos dicen: "Soy así porque mi mamá era así o porque mi papá era así". No, nosotros tenemos que sacar las cosas positivas de nuestros padres, y aquellas que vemos que no son positivas, debemos trabajarlas en nosotros porque la decisión es un músculo; decides en muchas áreas.

En ese segundo bloque, quiero colocar la importancia de organizar en tu mente que muchas decisiones que tomaste, que después llegaron a ser malas, en el momento cuando las tomabas pensabas que eran buenas. Tal vez me dirías: "Ok, sr. Teixeira, ¿por qué es importante que nosotros entremos un poco más a fondo en este tema?" Compartiré el porqué.

Hace poco tiempo cumplí cincuenta años, y soy dado a hacer las matemáticas, no soy tan bueno en matemáticas, pero me gusta sumar y hacer mi trabajito, mi "homework", hacer mi tarea. Agarré la calculadora y puse 50, o sea, 50 años multiplicados por 365 días que es un año, y llegué a la cuenta que en 50 años he vivido 18.250 días; entonces, como yo completé 50 años, si llegara a los 100 años tendría por delante un poquito más de los 18.000 días, pero si fueran 40 años los que me quedan y llegara a los 90, me quedarían por vivir 14.600 días. ¿Por qué es importante analizar eso? Porque muchas decisiones que tome hoy van a permitirme vivir más tiempo o no.

Si tomo hoy la decisión de comer comida orgánica, de cuidar mi alimentación, por ejemplo, yo dejé de tomar sodas en el año 2014 porque dije tengo que tomar la decisión de disminuir el consumo de azúcar.

A partir de ahí, nunca más tomé un refresco de soda. He tomado otros jugos, otras cosas, pero dejé completamente de consumir sodas, y ya voy a completar 10 años desde que tomé esa decisión.

Pero tuve que tomar una decisión para poder tener en el futuro una vejez más sana, más prudente.

Estoy caminando una hora al día, seis días a la semana, y eso me permite cuidar más mi cuerpo.

He bajado 29 libras en 9 meses y eso es bonito porque son decisiones que tienen que ver con mi salud.

Estoy dando una ilustración, por ejemplo: muchos después vamos creciendo y tenemos que decidir la carrera que vamos a estudiar, tenemos que decidir, por ejemplo, un día que nos vamos a casar o no.

O sea que son decisiones muy importantes y las tomamos siempre pensando en lo mejor, pero es muy importante analizar la importancia de tomar las decisiones y verlas como un músculo.

Por ejemplo, cuando diste tu primer beso, estabas nervioso, pero tomaste una decisión.

O sea, cuando tomaste la decisión de ir a una universidad, si tuviste esa oportunidad.

Por ejemplo, muchos un día en su país, en México, en Guatemala, El Salvador, Colombia, Argentina, Brasil, Chile; bueno, como cualquier país Ecuador, tuviste que tomar una decisión un día para venir los Estados Unidos.

Por ejemplo, yo llegué a los Estados Unidos el 05 de febrero del 2006 y tomé la decisión que ese día para mí es feriado porque fue el día que llegué a Norteamérica, y es mi manera de homenajear ese día porque yo un día tomé una decisión.

Por ejemplo, el Salvador de la humanidad junto con el Creador, el Espíritu Santo, todos tomaron una decisión: "salvemos a la humanidad", es una decisión. Y ¿por qué me gusta mencionar para ustedes todo ese proceso?

Porque cuando nosotros entremos ahorita en el tercer bloque que tiene que ver con nuestra vida práctica, las buenas y malas decisiones en, entonces nos vamos a dar cuenta de que realmente el Creador al haber creado el libre albedrío, o sea la libertad de decisiones, es muy importante estar consciente, lúcido para tomar buenas decisiones.

Dicen que cuando tienes que tomar una decisión importante, es importante comer frutas, es importante tener el estómago leve, licuados, cosas más leves de fácil digestión para que pueda estar libre todo el flujo sanguíneo, y creo que todos ustedes conocen esa parte.

Ahora vamos a entrar en la vida práctica

Decisiones que ya les mencioné que tienen que ver con nuestra salud, decisiones que tienen que ver con nuestro matrimonio, decisiones con nuestra soltería, con nuestras amistades, relaciones, compañeros, clientes, líderes, liderados, ovejas, pastores. O sea, es muy importante que nosotros ahora nos enfoquemos y hagamos una radiografía de nuestras decisiones y comenzar a puntuar. Me gusta puntuar, por ejemplo, tengo una casa donde estoy viviendo, la cual compré el 30 de octubre, cumple exactamente quince años, y me falta poco para terminar de pagarla. Entonces tomé una excelente decisión porque la casa hoy vale el doble del valor de cuando la compré. Fue una buena decisión. Por eso es muy importante que seamos honestos.

Cuando eliges a una pareja, estás tomando una decisión y estás descartan otras opciones.

Mucha gente tiene a veces la ilusión falsa.

¡Ah! Si hubiese elegido aquel otro camino me hubiera ido mejor. ¡Cuidado con esa reflexión! ¿Por qué? Porque normalmente vivimos las tristezas y alegrías del camino que elegimos. Los caminos que no elegimos quedamos fantaseando cómo serían, pero también aquel otro camino tendría ciertas tristezas, ciertos desafíos.

No podemos saber, por eso es muy importante hacer un break en tu vida, humildemente te reto para que comiences a escribir ciertas decisiones. Por ejemplo, quiero ser un marido más amoroso, quiero ser un padre más presente, quiero ser una persona más próspera y ahí viene la pregunta:

¿Qué decisiones tengo que tomar? Es una pregunta importante porque si tiene que ver con finanzas, capaz que tienes que buscar un experto; si tiene que ver con tu autoestima, leerás un libro o buscar un terapeuta, o buscar un psicólogo.

O sea, es importantísimo que nosotros veamos que en el mundo que vivimos hoy tenemos un gran privilegio, de que nosotros podemos elegir cómo queremos vivir nuestras vidas, que el Creador nos da esa libertad. Porque mucha gente me dice: "No, sr. Teixeira, yo quiero seguir el plan divino, el plan de Dios para mi vida". Y entonces, siempre me gusta analizar lo siguiente: supongamos que María tiene un hijo que se llama Juan, y la madre tiene el sueño de que Juan sea médico porque el papá de María fue médico. Pero el hijo, al llegar a la edad de la universidad, le dijo: "Mami, yo amo dar clases y quiero ser maestro".

Estoy seguro de que María diría: "Está bien, hijo, esa es tu decisión. Sigue lo que tu corazón te está diciendo", porque la madre María quiere ver a su hijo Juanito feliz. Y eso pasa con el Creador; seguramente él pueda tener un plan para ti, pero tú te sientes más feliz en otro lugar, en donde vas a ser honesto, vas a estar viviendo tu plenitud, y él respeta tu decisión.

Es sólo analizar la historia de Moisés, la historia de Abraham, la historia de grandes líderes del pasado, del apóstol Pablo; en muchos momentos el Creador respetó la decisión humana.

Él orienta para que tomemos buenas decisiones y su palabra contiene mucha información que nos puede dar, digamos una guía, porque esa es la función de la Palabra, ser una guía, un instrumento para que tomemos decisiones correctas, ricas, decisiones espectaculares.

Mi reto en ese tercer y último bloque es revisar las decisiones que estás tomando con tu alimentación, con tu ejercicio, con tu sueño; revisa cómo está eso, qué decisiones necesitas volver a tomar o si las estás tomando, felicidades.

Con relación a tus afectos, ¿estás tomando buenas decisiones?

¿Estás organizando bien tu agenda para poder pasar más tiempo con las personas que amas?

Si hay alguna cosa que hay que restaurar en esas relaciones; si hubo algún pleito, algún problema, tienes que tomar una decisión: ¿cómo puedo arreglar esto?

O sea, ¿cómo puedo entrar de nuevo a este corazón? Señores, la vida es corta. Por eso les dije la cantidad de días: a mí me quedan 14.600 días. Por ejemplo, 5 años son 1825 días, 10 años son 3650 días.

¿Cómo quieres vivir los próximos 1825 días? ¿Qué decisiones quieres tomar? ¿Cuál es esa decisión que has estado postergando por mucho tiempo?

Escríbela, comienza a entender que tú eres el que tiene que estar tomando las decisiones de tu vida.

El Creador te regaló la vida, te regaló un cerebro y facultades. A veces veo ciertas oraciones por ahí que me dan la impresión de que solo tienen 3 años de vida espiritual, como si fueran bebés, como si tu hijo de 30 años te dijera: "Mami, ayúdame a atravesar la calle, dame la mano." No, ya somos adultos y podemos atravesar la calle ahora, con prudencia, porque ya nos enseñaron.

Permítele tu conexión con tu Creador para cosas realmente significativas, como "¿Cómo puedo ser un mejor padre, mejor madre, un mejor hijo, un mejor constructor, un mejor pastor, un mejor líder?"

Por eso para mí, estas reflexiones están divididas en tres aspectos. Hay partes de tu vida en las que no pudiste tomar ninguna decisión. No vivas con este peso, solo hay gratitud porque otras personas tomaron buenas decisiones por ti, como cuidarte y todo eso.

Lo mismo ocurre con aquellos que fueron a parar a un orfanato porque alguien creó ese orfanato. Seguro que recibieron esa bendición del Creador, y ese orfanato fue, digamos, el vehículo que les permitió avanzar en la vida de una manera mejor.

Así que, para terminar, piensa en tu negocio, tus proyectos ¿Cuáles son las decisiones para esta semana y de la semana que viene?

¿Ya decidiste cuántas horas le vas a dedicar a ese proyecto?

¿Cuántas horas de capacitación, de presentación, de invitación?

Señoras y señores, tú eres el general, el comandante que está a cargo de tus decisiones. El Creador es el dueño de todo, y él te puso como mayordomo con este cuerpo que te tocó, con esta mente que te tocó. Podemos buscar su orientación, su sabiduría, pero quien toma las decisiones somos nosotros.

Por eso quiero concluir esta reflexión en esta oportunidad siendo muy agradecido con nuestro Creador por todo lo que nos ha regalado y que nos sigue regalando. ¡Te reto a comenzar a analizar cuáles son las decisiones de tu vida que necesitas perdonarte!

¡Ya está, ya pasó! Cometiste aquel error, ya está, es parte de nuestra humanidad.

Ahora voy a enfocarme en buenas decisiones. Pero si tomaste buenas decisiones como la de venir a este país, ¡felicítate! Yo siempre conmemoro el 5 de febrero por haber llegado a este país y agradezco por cada día que el Creador me ha dado en esta vida.

Por eso concluyo deseándote muchas bendiciones y mucha lucidez al tomar decisiones porque la vida es un regalo por donde tú la mires, y la vida que tienes hoy es fruto de las decisiones que tomaste hace 5, 10, 15, 20 años. Así que ¿cómo será tu vida en 5 años? ¿Cómo será tu vida en 10 años? Lo que estamos analizando aquí es que en 10 años son 3650 días, y va a depender de las decisiones que tomes el día de hoy.

Por eso concluyo agradeciéndote este tiempo que has dedicado a leer esta mentoría y que pueda ser de mucha utilidad en tu vida y en tu Despertar para que tomes buenas decisiones y puedas disfrutar cada día de esta enorme oportunidad que nos ha dado nuestro Creador.

Tarea:

¿Cuáles fueron las mejores 10 decisiones que has tomado en tu vida?

10
SIENTE EL ÉXTASIS POR VIVIR

Queridos y queridas:

Hoy voy a tocar un tema muy profundo, muy práctico, que es posible que nunca hayas escuchado, porque me gusta crear mis propios temas a partir de esos momentos de inspiración que vienen con el regalo que nos ha dado nuestro Creador. Quiero hablar de una palabra sobre la cual hay muchos preconceptos; casi no se usa ese vocablo porque alude a la sexualidad, pero lo miraremos desde otro ángulo, veremos que este término puede ser usado en diferentes áreas, para no perder la riqueza que encierra.

Me refiero a la palabra **éxtasis**.

En el diccionario, entre varias definiciones, se define como el «estado de la persona que siente un placer, una admiración y una alegría tan intensos, que no pueden pensar ni sentir nada más». Pone como ejemplo «el éxtasis creador del artista».

Me gustará puntualizar la figura del Creador, desde la visión de un ser pequeñito en esta humanidad tan grande.

Cuando el Creador creó este planeta, esa pelota gigante que está girando alrededor del Sol trescientos sesenta y cinco días sintió éxtasis al crearlo junto con las estrellas. Cada estrella posiblemente sea el sol de otro sistema solar.

Cuando comenzamos a enumerar la Luna, el Sol; dicen que el Sol es mil veces el tamaño de la Tierra, ¡grandísimo!

Me gusta mencionar esto porque quiero imaginar que el Creador al crear a Adán y a Eva, o a la humanidad, sintió éxtasis.

Si analizas, Él fue el inventor de la sexualidad, fue el inventor de la mujer, del hombre, del órgano sexual de cada género, pero muchas veces, por no entender esa magnitud, podríamos perder una conversación muy noble; porque todo eso fue creado por el Creador.

Cuando analizas por qué el placer es tan intenso en la sexualidad; uno siempre apunta hacia una sexualidad correcta, responsable, bendecida, porque en el momento cuando estamos en esa actividad, sintiendo ese gozo que fue creado por Él. Es como la humanidad sigue creando, sigue naciendo; porque el Creador creó uno y de la costilla creó la otra persona. Todos los demás son frutos de ese éxtasis de la sexualidad.

Ahora, les comenté al principio que mi intención es llevar esta palabra a otras áreas; y quiero que hagas un ejercicio conmigo; con mucha humildad me gustará transmitírtelo. Para quienes les gusta caminar en la mañana les recomiendo prestar atención a la sensación de éxtasis.

A mí, por ejemplo, me gusta trabajar en esa hora el éxtasis por la gratitud de estar vivo, caminando, cuidando mi cuerpo, atendiendo el regalo que el Creador me dio.

Después vuelvo a casa, preparo mi licuado y me gusta sentir éxtasis cuando estoy preparándolo y tomándolo. No sé si ustedes lo han percibido, pero cuando abrazas a un hijo tuyo, cuando estás en una conexión con tu pareja o con alguien importante en tu vida; tu mamá o tu papá, tu pastor, tu líder perciban que hay mucho éxtasis en vuestras vidas.

Cuando vemos un amanecer, un atardecer, cuando nos damos cuenta de que es impresionante.

Pongo por ejemplo mi estadía en Texas, donde hace calor, pero uno puede caminar y no se muere, no se quema, a pesar de muchos desafíos ecológicos que hay actualmente en el mundo. Quiero que veas en esa reflexión, si te olvidas de todo lo que digo, quiero que recuerdes el éxtasis que está a tu servicio, sucediendo en este momento.

Tu corazón está latiendo, tus riñones y tu estómago están trabajando; hay una orquesta funcionando dentro de ti.

Existen afectos que te quieren y te aprecian, porque nadie más será el papá de Pedro. Sólo existe un papá de Pedro en el planeta, un papá de Marta, un papá de Carlos, un papá de José, de María. No existe nadie como tú y tuviste la oportunidad de haber venido aquí.

Recomiendo, si eres un líder, que sientas éxtasis al preparar y transmitir tus temas. Cuando doy una mentoría siento que el tiempo se detiene, cuando recibo una invitación para disertar sobre algún tema me entra el éxtasis porque me fascina hacerlo.

Les presentaré una ilustración para aquellos que tienen cierta dificultad para entender esta palabra.

Piensa en las vacaciones, cuáles fueron tus mejores vacaciones, cómo te sentías. Seguramente, durante los primeros días estarías un poco raro porque te estabas adaptando, pero me refiero a ese momento, a ese pico máximo, alto, de las vacaciones. Imagina poder meter en una botella ese sentimiento, esa sensación y llevarlo contigo toda tu vida.

Cuando tengas que absorber una discusión o una pelea, cuando tengas que enfrentar momentos difíciles en tu vida, la pérdida de un ser querido; me ha tocado atender a muchas familias con problemas de suicidios. Vivimos un tiempo cuando el éxtasis está yendo para otro lado, pero nos estamos dando cuenta de que hay éxtasis en cositas muy pequeñas, como ver los primeros pasos de tus hijos y mirar ahora lo grande que están, como también en el sentimiento de las vacaciones.

¡Ah, Sr. Eduardo!, pero la vida es dura, la vida es eso, la vida es lo otro. Quiero ir muy directo a ese punto. Si hoy lees este libro desde un hospital; estás enfermo y el médico ya te dio las noticias feas, te respetaré y es posible que en este momento no hay éxtasis en tu vida.

Eso lo puedo entender porque te está doliendo algo, estás en una situación difícil.

Sin embargo, veo a muchas personas que no están en el hospital, que están muy sanas, pero están sufriendo su regalo, están sufriendo la magia de la vida, están sufriendo sus mentes hermosas, sus manos preciosas y los pies primorosos que el Creador les dio.

Puedo entender a una persona que le falte un brazo o una pierna, personas que no pueden ver, hablar ni escuchar, pero muchas personas que pueden hacer todo eso hoy están entretenidas inconscientemente viendo la vida como algo gris, triste y malo.

Quiero transmitir a cada persona que llegue a leer esta mentoría que siento éxtasis por el regalo que he recibido, quiero que ese sentimiento penetre tu vida y lo puedas exteriorizar porque tu vida es un gran regalo. Saca cuenta de todas las personas que te aprecian, todos los que te admiran, los que buscan en ti la fuente de consejería, fuerza e incentivo.

Sé que también tienes instantes difíciles, como todos los seres humanos; bienvenido al club. Todos tenemos desafíos, luchas y momentos difíciles.

No obstante, cuando estoy en esos instantes difíciles para mí es un ejercicio entender el éxtasis de poder desayunar, almorzar, cenar, dar una palabra a un amigo. Muchas personas que escuchan mis mentorías; tengo personas en los últimos veinte años que he dedicado más intensamente a mentorar personas en diferentes países, como Argentina, Chile, Brasil, Estados Unidos, México, pero veo un éxtasis en todos los regalos que estoy recibiendo cada día, porque hay personas movidas por un mundo capitalista que perece que sólo podemos escuchar a los que ganan mucho dinero. No critico que les vaya bien, pero es importante el dinero como instrumento que puede ser utilizado para vivir una vida más tranquila, cómoda y con éxtasis.

Debemos entender que existen muchas dimensiones en nuestras vidas. Están los afectos, que son muy importantes; y me gustaría decirte que sientas éxtasis en tus afectos, hacia tu madre, valora todos los esfuerzos que hizo por ti, o tu padre, tu abuelo, abuela, tus tías o la persona que te crio, si eres huérfano. Hubo personas que dedicaron su tiempo y dedicación para ti, y eso también transmite éxtasis.

Ese sentimiento permanente de vacaciones debes mantenerlo junto a tus emociones porque tu vida es un regalo muy preciado.

Mi única ambición en esta reflexión es sacudir esta palabra en tu vida para que comiences a ver lo fantástico que es estar aquí.

Se que mucha gente habla de la vida eterna, y que existen otros proyectos de ese estilo, pero cuando llegue su momento entonces la podremos disfrutar también. Pero siempre digo, al tenor de las principales creencias actuales, que la vida es un regalo, y la pregunta que te hago:

¿Cómo estás viviendo tu regalo?

¿Estás sintiendo éxtasis o la vida se ha transformado en un fardo pesado?

Nada más es una reflexión.

Tal vez estés leyendo y tu vida está en éxtasis de la mañana hasta la noche. ¡Felicidades! Quiero conmemorar contigo.

Pero, si no es así, quiero que esa reflexión te pueda servir para que comiences a mirar lo afortunado o afortunada que eres por la vida que tienes.

Algo que es muy importante valorar es que esa vida fue formada por tus decisiones;

buenas o malas.

Por eso tengo una noticia para ti hoy día.

Esa buena noticia es que el pasado no lo puedes cambias, pero nos trae enseñanzas, y nadie tiene el pasado perfecto.

Todos hemos tenido nuestros desafíos

Estarás pensando si no hubieses hecho tal o cual acción... Si vamos a entrar en ese punto, cuál es el chiste de la evolución humana.

Me dedico al crecimiento personal porque entiendo que nosotros, como seres humanos, permanentemente estamos en crecimiento, pero ese crecimiento tiene que ser con éxtasis, alegría y plenitud para que produzca una divina sensación de gozo.

No esperes que te gradúes en teología para ser feliz, o que seas pastor de tal escuela o de cual iglesia.

Está bien que seas feliz cuando te gradúes de médico o la profesión que quieras, pero es más importante que entiendas en este minuto que puedes elegir en cual lugar estar. ¿Te gustaría que el día tuviera emociones agradables o desagradables?

En verdad, la respuesta es fácil, pero ¿por qué la mayoría no está ahí? Esa es la duda que me motiva a introducir la palabra éxtasis en el ámbito de tus valores.

Cuando hay personas que están conectadas con el Espíritu Santo, con el creador, sienten este éxtasis. Cada quien lo siente de una manera diferente, pero es la palabra, aunque no la podamos usar.

Está bien, la sexualidad es fantástica, fue creada por el Creador, pero también podemos sentir ese éxtasis en cosas muy pequeñas como una taza de té tomada a sorbitos.

Te dejo como tarea la siguiente acción: prepara una bebida caliente, la que más te guste; a cada quien le gusta algo diferente. La tomarás sin estar pendiente del teléfono, pon una música de fondo que te genere éxtasis, dedícale de tres a cinco minutos —tal vez es bastante—, pero hazlo para conmemorar que estás aquí, que has venido, que en cuarenta millones de posibilidades tu fiestes el afortunado.

Eso es lo que deseo transmitir, estimados lectores.

Entiendan lo afortunados que sois, con la certeza de ver en las cosas difíciles de la vida torrentes y relámpagos de éxtasis porque estar vivo es maravilloso.

Espero que se esté haciendo tu experiencia, aprecio poder haber aportado un granito a tu liderazgo, a tu vida.

Debes entender que en todas las circunstancias debes mantener la mirada sobre el espectáculo y la obra de arte que está siendo pintada cada día.

No tengas dudas de que la vida es lo mejor que hay, a pesar de las luchas; aquí y allá. Nos puede dar momentos que son incalculables, invaluables.

Siente un fuerte abrazo, espero que esta mentoría llegue a tu corazón de manera eficaz. Les dejo una gran bendición para que nunca olviden que el éxtasis puede estar presente en vosotros en cada momento.

Tarea:

¿Cuáles son las 10 actividades en tu vida que te generan éxtasis verdadero?

PALABRAS FINALES

Siento un inmenso placer al saber que has llegado al final de la lectura y has sacado el mejor provecho de estas líneas. Espero que estas enseñanzas sirvan para tu crecimiento personal y puedas practicarlas en tus acciones cotidianas; ese ha sido el propósito de haberlas escrito.

El Arte del Despertar es sobre lo maravilloso que es vivir en este planeta y ser parte de la especie humana.

Un Ser Creado a la imagen y semejanza del Creador del Universo.

Mi recomendación es que no abandones la lectura porque es un recurso invaluable para la adquisición de conocimientos. A la par del desarrollo tecnológico la lectura ha ido adquiriendo mayor relevancia.

No existe información que no sea susceptible de ser plasmada en cualquier soporte; físico o digital. No hay excusa para dejar de mejorar la comprensión y el vocabulario, si tienes delante de tus ojos la obra maravillosa del Creador; un mundo extraordinario que merece ser leído con la profundidad del pensamiento crítico. No importa que la voracidad del tiempo amenace nuestra existencia.

El paso por este planeta es apenas una fase de inicio hacia la trascendencia universal del ser, pero aprovecha la estadía en modo terrenal y fórmate para robustecer tu espiritualidad. Tenemos la posibilidad de ser creadores porque Dios nos hizo a su imagen y semejanza, sólo que con el paso de los siglos hemos debilitado esa facultad por esperar que el Creador todo lo haga.

Toma la iniciativa, busca tu transformación, encuentra el poder de tus convicciones y marcha con paso firme hacia el lugar maravilloso y placentero donde la claridad te hace grandioso o grandiosa.

He aquí el Verdadero Despertar el cual te permita tener la claridad, de ver donde otros no pueden ver. La grandeza de ser llamado un Ser Humano Maravilloso y espectacular... en su plenitud siempre agradecido por los privilegios y oportunidades que hemos recibido de nuestro Creador.

«Quiero transmitir a cada persona que llegue a leer estas mentorías que sienta lo afortunado que es por el regalo que has recibido: Tu Preciosa Vida. Por tus Maravillosos Afectos y por los diferentes proyectos y desafíos que puedas elegir y que hagan parte de tu vida y que podamos vivir con Gratitud, Amor, Armonía y Dedicación».

Lic. Eduardo Teixeira.

Made in the USA
Columbia, SC
19 August 2024